SELVAGENS E RÚSTICOS

A CAÇA DE BALEIAS E FOCAS PARTINDO DE MORAY FIRTH

MALCOLM ARCHIBALD

Tradução por
HELOISA MIRANDA SILVA

AGRADECIMENTOS

Gostaria de agradecer às seguintes pessoas pela sua ajuda enquanto eu compilava este livro:

Sr. Graham Wilson, Arquivista, Centro Patrimonial de Moray, Elgin

Sra. Chris Reid, Centro Patrimonial de Fraserburgh

Sr. Jim B Campbell, Canadá

Os funcionários do Museu de Fraserburgh

Sr. Iain Flett, dos Arquivos da Cidade de Dundee

Sra. Rhona Rodger, Curadora, Museu McManus, Dundee

Robbie e Dot Stephen, Fraserburgh

INTRODUÇÃO

A caça às baleias e à focas são temas evocativos hoje em dia. A extensa cobertura da mídia sobre as ações de grupos ambientalistas chamou a atenção do mundo para a situação das focas e das grandes baleias, de uma forma que teria sido incompreensível quando os portos de Moray Firth enviavam navios para os locais de caça. As atitudes e ações do século XIX eram muito diferentes das do século XXI; a caça era um esporte popular e as baleias eram vistas mais como um bem valioso, do que como uma espécie merecedora de conservação.

Para os homens de *Greenland*, os marinheiros que navegavam os navios e caçavam baleias nas águas do Mar da Groenlândia e do Estreito de Davis, a caça à baleia era um emprego. Pode ter sido tingida de romance e temperada com aventura, mas, essencialmente, fornecia um salário que pagava o aluguel, e vestia e alimentava a família. No seu auge, na década de 1850, nove embarcações baleeiras e para focas, navegavam dos portos de Moray Firth. Essa era uma porcentagem significativa do total escocês e a aventura ártica certamente contribuiu para a economia local.

A metade do século XIX foi uma época emocionante para se estar vivo, com o fim dos anos de miséria da década de 1840 e a inovação, o empreendimento e a confiança florescendo. A costa de Moray Firth não foi excepção, com novos empreendimentos a serem considerados e a caça às focas estando, subitamente, na lista do dia como uma possibilidade comercial. Os vitorianos tinham um gosto pela vida, e os portos de Moray Firth entraram no comércio ártico como se fosse uma grande aventura, o comercialismo tingido com a pura alegria de experimentar algo novo. Sejam quais forem os sentimentos de alguém pelos direitos ou erros da caça de focas e baleias, não se pode negar a coragem bruta que os marinheiros precisavam para se aventurarem nas águas geladas do norte em um pequeno navio a vela, nunca sabendo o que o amanhã traria, nunca sabendo se voltariam para casa, para suas esposas e filhos.

Três portos em Moray Firth enviavam navios para o norte: Fraserburgh, Banff e Nairn, enquanto Inverness pensava na ideia, e Garmouth e Lossiemouth tinham ligações tímidas. Dos três, Fraserburgh foi o mais bem sucedido, com Banff em seguida e Nairn sem realmente conseguir chegar a lugar algum.

Este pequeno livro mostrará algo sobre as indústrias da caça de focas e baleias da costa de Moray Firth. Começará com um breve olhar sobre a costa de Moray Firth, e depois dará uma visão geral da indústria. Há um capítulo falando sobre o que poderia ser uma viagem típica, seguido por um capítulo sobre a caça às focas, a experiência em Nairn e Banff, um breve olhar sobre os perigos que os baleeiros enfrentaram e dois capítulos sobre o tempo de Fraserburgh como porto para os barcos de caça de focas e baleias. Ao fim, temos as listas dos navios de Banff e Fraserburgh.

Quando este livro foi compilado pela primeira vez, a intenção era fornecer explicações para cada detalhe, mas o resultado final foi um texto repleto de números que deixavam a leitura pouco agradável. Em vez disso, decidi escrever um livro de fluxo corrido; mais fácil de ler e com as principais fontes mencionadas dentro do texto. O livro dá anedotas, nomes e alguns detalhes. Ele não tem a intenção de justificar uma indústria que hoje está em desfavor do público, nem é, de modo algum, um estudo exaustivo, mas deve esboçar o traçado de uma época em que Fraserburgh e Banff enviavam homens robustos para os terrenos de caça do círculo ártico.

Para Cathy

CAPÍTULO UM

UMA RAÇA MARÍTIMA DE HOMENS

Mais uma vez para a Gronelândia, estamos vinculados.
Para vos deixar a todos para trás
Com as madeiras firmes e os corações tão quentes
Navegamos antes do vento.

A CANÇÃO DO BALEEIRO - TRADICIONAL

Burghead nunca foi um porto de navios de pesca de baleias, mas é um enigma. É uma pequena vila de pescadores, na costa sul de Moray Firth, a cerca de 60 quilômetros a leste de Inverness, e 111 quilômetros a oeste de Fraserburgh. Qualquer visitante irá imediatamente supor que exista algo de especial por aqui, embora possam não saber imediatamente o porquê. Não é um lugar grande, mas foi construído sobre um promontório voltado para o norte, terminando num curioso monte coberto de relva, com uma velha estação de sinalização no topo, e que oferece esplêndidas vistas de enormes trechos de Moray Firth.

Há muitos lugares ao longo desta costa que possuem boas vistas, mas Burghead é, de alguma forma, diferente. Há uma atmosfera aqui, uma aura de uma grande época e de algo mais, quase de vigília, que alerta àqueles que têm a percepção de que estão em algum lugar único. Há outros lugares com esta atmosfera; DunAdd em Argyll é um, e Edinburgh Castle, outro. Eram todos fortificações antigas, assentamentos da Idade das Trevas onde as "raças silenciosas" de Stevenson agora adormecem em tudo, menos na memória.

O monte na ponta do promontório de Burghead é tudo o que resta do que outrora foi um proeminente forte Pictish, e o padrão implacável das grades de ferro das ruas de Burghead fora construído sobre o restante, destruindo assim o que poderia ter sido um dos sítios arqueológicos mais valiosos no norte da Europa.

Não há dúvidas quanto à localização estratégica do forte de Burghead. Em um promontório, cercado pelo mar em três lados e com um pedaço estreito de terra facilmente defensável no quarto, é um reduto natural para um povo marítimo. E essa é a questão. Apenas um povo seguro no seu domínio do mar escolheria tal local, pois é tão próximo de ser uma ilha como um forte em terra poderia ser e, se sitiado, poderia ser facilmente abastecido pelo mar. Não há dúvida de que os pictos, ou *cruthin*, eram um povo do mar, e a costa de Moray Firth era a sua casa.

O Moray Firth é aquela enorme boca ao norte da Escócia que ruge para o leste, em direção à Europa. É o maior e mais setentrional recuo da Costa Leste, marcado em ambas as extremidades por dramáticos promontórios e cercado por algumas das comunidades mais pitorescas e históricas do país.

Kinnaird Head, na extremidade de Buchan, marca o extremo sul do estuário, e na sua sombra fica Fraserburgh, a cidade mais marítima da Escócia, onde uma frota de barcos pesqueiros ainda prospera, proporcionando empregos e um foco para a comunidade. A partir daqui, a costa estende-se para oeste, passando por penhascos onde os vapores do mar, praias gloriosas, e espantosamente vazias, e uma série de pequenas cidades e aldeias minúsculas. Os nomes são evocativos da história: Rosehearty e Crovie, Macduff e Banff, Portsoy e Buckie; Lossiemouth, Burghead e Nairn. Em alguns, os barcos de pesca ainda oferecem emprego, mas outros estão tentando se reinventar com o turismo ou o patrimônio. As marinas de embarcações de recreio agora ocupam o lugar dos portos cheios de Zulus ou Scaffies de vela castanha, e os turistas fotografam golfinhos, onde outrora os pescadores esperançosos lançavam suas redes .

A costa sul da Moray Firth termina em Inverness, depois muda de direção para nordeste, passando pela estuário menor de Dornoch Firth e Loch Fleet, até a assombrada Clearance, em Sutherland, a grande costa de Caithness e alguns dos penhascos mais dramáticos da Europa. Finalmente, no extremo nordeste da Escócia continental, Duncansby Head marca o fim do estuário. É um final adequado a uma costa dramática e interminável, um lugar de mar selvagem e terra inconquistável. Olhar para sul a partir daqui é ver um panorama geográfico sem igual, mas, mesmo o observador mais atento, não pode ver o passado.

Os pictos de Burghead foram apenas um dos povos marítimos que fizeram desta bela linha costeira o seu lar. Entre o recuo das grandes calotas de gelo e o início da história registrada, os caçadores-coletores mesolíticos remaram pelos pântanos para fundir-se, alguns milênios depois, com o povo neolítico. Se, como se supõe frequentemente, o povo neolítico chegou com canoas, contornando a costa a partir do sul, então, eles foram os primeiros marinheiros de Moray Firth.

A Idade do Bronze chegou muito mais tarde, seguida pelos Celtas com as suas ferramentas de ferro superiores. Alguns séculos depois, os galés romanos carregaram as águias imperiais para o norte, mas sua visita foi rápida; eles vieram, viram, mas não conquistaram. No entanto, suas visitas ajudaram a colocar a costa de Moray Firth no mapa. Pode ter sido o exemplo, ou a ameaça de Roma, que encorajou as tribos locais a se fundirem em grupos maiores, mas a partir do terceiro século depois de Cristo, os pictos foram o povo dominante aqui. Presumivelmente, os pictos eram uma combinação de todos os povos indígenas sob uma aristocracia guerreira que podem ter sido os últimos imigrantes da Idade do Ferro. Durante muito tempo um povo envolto em ignorância, a pesquisa atual está desenterrando muitos fatos sobre esses pictos, de modo que eles estão gradualmente emergindo da névoa da história de maneira menos misteriosa. Havia um mosteiro picto em Portmahomack, a uma distância gritante do Firth, e onde monges faziam livros à mão. Ao redor desta costa, pedras esculpidas revelam que os pictos passaram da superstição pagã para o cristianismo, mais ou menos ao mesmo tempo que outros povos, no que é agora a Escócia.

Os pictos entrariam em conflito com os escoceses invasores ao longo desta costa, e depois vieram os nórdicos. Os escoceses e os nórdicos atacam a Burghead dos pictos, mas enquanto os escoceses permaneceram, os nórdicos retiraram-se para oeste e para norte, para além de Inverness. De sua capital em Dingwall, os nórdicos permaneceram uma ameaça, fazendo com que essa fronteira escocesa fosse tão volátil quanto aquela com a Inglaterra, a centenas de milhas ao sul. O reino da Escócia teve de equilibrar duas fronteiras para sobreviver, por isso não é de admirar que a Província de Moray ostente tantos monumentos ao passado.

Enquanto o reino escocês empurrava sua fronteira para o norte, a paz duramente conquistada chegou a esta costa e os povos marítimos baixaram suas espadas e procuraram, em vez disso, por outras conquistas. No final do século 11, o Moray Firth foi limitado em seus três lados por uma Escócia unida e, no quarto, pelo Mar do Norte. O comércio foi uma continuação natural da paz, e os povos do Firth trocaram mercadorias com os seus vizinhos ultramarinos. As cidades comerciais como Inverness, Banff e Fraserburgh, enviavam seus navios para a Europa e para o sul, em outros portos da Escócia. A pesca tornou-se uma grande indústria, com Wick e Balintore, Fraserburgh e Lossiemouth, Buckie e Brora, todos enviando a sua quota de barcos para as águas frequentemente tempestuosas do Firth. Havia também a construção de barcos, com quase todas as comunidades pesqueiras maiores do que uma vila, construindo e fazendo reparos nas embarcações locais, e as empresas de maior escala em Garmouth, Lossiemouth e Buckie. O mar era vital para o povo do Firth, e as águas do norte criavam marinheiros robustos. Não é de se surpreender que, quando a caça de baleias e focas ofereceram oportunidades lucrativas, muitos marinheiros locais vestiram seu equipamento pesado e olharam para o norte.

CAPÍTULO DOIS

A INDÚSTRIA BALEEIRA ESCOCESA

"Com Riff Koll Hill e a Discoteca a mergulhar
Lá você verá o peixe baleia pular".

DITADO TRADICIONAL DOS BALEEIROS

Ver uma baleia no mar é testemunhar uma das maravilhas do mundo. Não há nada tão inspirador como estar num barco quando a grande barbatana emerge da água, e ter a chance de testemunhar o aceno de sua cauda dando o último adeus é de uma beleza de cortar o coração. Estes são magníficos mamíferos respiradores de oxigênio que sobrevivem debaixo d'água e vagueiam pelos mares por direito. No entanto, desde tempos imemoriais, a humanidade caça-as, seja levando-as em direção à terra, individualmente ou em grandes grupos, seja levando barcos até o mar para as matar em seu próprio ambiente.

Em meados do século XIX, os humanos eram tão peritos na caça que tinham feito com que as baleias recuassem para os oceanos mais distantes e frios do norte, de modo que cada caça às baleias era uma aventura perigosa, tanto para o homem como para os animais.

Os caçadores de baleias escoceses estavam, principalmente, atrás da baleia franca da Groenlândia, *Balaena Mysticetus*, pois esta era lenta na água e flutuava uma vez morta. Um bom exemplar podia pesar cerca de cem toneladas e se alongar até mais de 18 metros, o que representava dois terços do comprimento dos primeiros navios baleeiros e mais do que o dobro do comprimento dos barcos baleeiros dos quais eram caçadas. Elas são criaturas distintas, concebidas para nadar e com uma camada de gordura que serve para manter o calor corporal, mesmo em condições de frio extremo, embora se acredite que a espécie tenha tido origem em águas mais quentes, onde a maioria regressa para se reproduzir.

Até bem tarde no século XIX, as baleias eram consideradas peixes muito grandes, e a indústria baleeira era conhecida como a pesca da baleia. As baleias francas da Groenlândia eram distintamente lisas e nadavam lentamente, talvez a cinco nós, o que se adaptava aos veleiros, dependentes do vento, e aos barcos movidos a remo. As baleias francas da Groenlândia também flutuavam quando mortas, o que era um grande bônus para os homens num barco aberto, com talvez dezesseis quilômetros para remar de volta até o navio principal. Os baleeiros escoceses do Ártico não estavam atrás das cachalotes, mas matavam narvais quando podiam, e caçavam ativamente ursos polares e praticamente qualquer outra coisa que lhes pudesse dar lucro, ou proporcionar algum esporte.

Por quê?

Por que os humanos deveriam caçar estes animais verdadeiramente magníficos, cuja graça e poder têm a capacidade de inspirar admiração e até amor? Por que o homem deveria se aventurar em alguns dos ambientes mais perigosos, a ficar em um pequeno barco e lançar um pedaço de ferro em um monstro, com cerca de vinte e cinco, trinta metros de comprimento, sabendo que se houvesse chance o barco poderia virar ou se perder no meio do gelo? Por que é que o homem arriscava os seus membros e a sua vida com o risco de sofrer hipotermia, acidente ou doença, para matar algo que nunca lhe tinha feito mal, e que ele possivelmente admirava?

A resposta é simplesmente por necessidade e lucro. As pessoas precisam viver, e o dinheiro tornava a vida possível. Muitos mestres baleeiros e muitos dos tripulantes navegavam para o norte ano após ano, tornando-se especialistas no que era uma área altamente especializada. Por exemplo, a família Stephen esteve envolvida na indústria desde o seu primeiro ano em Fraserburgh, até a atividade terminar naquele porto, e depois migrou para Peterhead, onde continuaram como marinheiros, senão Homens da Groenlândia, como eram conhecidos os marinheiros baleiros e foqueiros. Enquanto um Stephen comandava o navio baleeiro *Melinka*, seu irmão era o mestre do foqueiro Fraserburgh, *Vulcano*. Outros homens juntaram-se à tripulação durante uma ou duas temporadas, quer para ganhar dinheiro para algum outro empreendimento, quer apenas por um sentido de aventura. Mas a vida no Ártico não era para todos. Enquanto muitos continuaram no negócio durante anos, outros descobriram que uma única viagem era suficiente. Entretanto, todos tinham uma coisa em comum: eram profissionais, caçando dinheiro para alimentar suas famílias, e os donos das empresas investiam seu dinheiro na indústria, esperando por um retorno lucrativo.

Quando a revolução industrial aumentou acentuadamente no final do século XVIII e início do século XIX, foi criada uma demanda crescente por óleo e barbas de baleia. Uma baleia ártica de tamanho decente podia transportar nove *tuns* de óleo em forma de gordura, que era levada de volta para a Escócia para ser fervida em pátios especiais de ebulição. O óleo resultante era usado para sabão e tinta, assim como para iluminação, que deixou as ruas georgianas e vitorianas primitivas extremamente perigosas mais seguras. John Dyson, em seu livro *The Hot Arctic*, mencionou que o óleo de baleia foi usado nos primeiros candeeiros de rua de Londres, e assim contribuiu muito para a segurança daquela cidade. Embora aqueles que andassem pelas ruas da cidade pudessem abençoar o novo combustível, é duvidoso que os trabalhadores da fábrica concordassem, pois agora seus patrões poderiam mantê-los trabalhando durante muito mais horas, em condições muitas vezes horríveis.

Quando o gás surgiu como agente de iluminação e aquecimento, nas primeiras décadas do século XIX, a procura de óleo de baleia despencou, mas ele também era útil na indústria de lã e mais tarde, quando misturado com água, para amolecer a juta crua. A indústria da juta de Dundee ajudou a manter viva a caça à baleia do Ártico escocesa até bem tarde no século XX.

Os caçadores de baleias também traziam barbas de baleia para casa. A baleia franca da Groenlândia nada na superfície, apanhando krill na sua boca aberta. A comida é filtrada através de placas sobrepostas de barbas, e a água do mar indesejada é ejetada. Este baleen – ou barba de baleia – podia ser vendido por até 3000 libras por tonelada, para que a captura de uma única baleia de tamanho decente pudesse tornar uma viagem lucrativa. A barba de baleia tem uma multiplicidade de usos, mas durante um longo período, foi vital na indústria da moda feminina. No século XVIII, a moda ditava que as mulheres deveriam ter cintura fina, o que, em muitos casos, defendia o uso de espartilhos. Sendo flexível, mas resistente, as barbas de baleias eram um excelente material para fazer espartilhos, sendo assim, as exigências da moda feminina contribuíram para a morte de milhares de baleias do Ártico. A barba de baleia, no entanto, era um material versátil e também utilizado para escovas, estrutura de guarda-chuvas, chicotes, armações para chapéus da moda, varas e redes de pesca, grelhas e praticamente tudo o que exigisse um material que fosse ao mesmo tempo flexível e forte.

A caça à baleia, então, era importante para o estilo de vida da Grã-Bretanha do século XIX. Como em qualquer indústria, ela continuou enquanto houvesse uma demanda pelos produtos, mas desvanecer-se-ia quando houvesse alternativas mais baratas, ou quando a cultura e as atitudes se alterassem. Ao longo do século XIX, poucas pessoas considerariam a matança de uma baleia como uma prática errada. Quando os portos de Moray Firth entraram no comércio na década de 1850, tal ideia teria sido inconcebível.

A caça à baleia comercial escocesa teve um começo complicado. No início do século XVII, os holandeses eram os mestres europeus da caça à baleia, mas o Rei James VI tentou desafiar esta hegemonia criando empresas baleeiras na Escócia e Inglaterra. Quando a Companhia Escocesa das Índias Orientais e da Groenlândia, sediada em Leith, recebeu uma patente de trinta e cinco anos, em 1617, ela enviou um único navio para o norte. Embora tenha tido um sucesso moderado, a oposição da Companhia Inglesa de Moscovy fez com que os escoceses se retirassem. Oito anos depois, uma segunda tentativa de uma companhia de Leith teve o mesmo resultado, e a caça à baleia escocesa caiu na inexistência durante décadas. Outras tentativas escocesas em 1670 e 1682 foram igualmente malsucedidas e o século terminou com um mínimo de estagnação econômica, colônias falhas e uma das piores fomes da história a atingir a Escócia. Os chamados *Ill Years* (anos doentes) foram um fim adequado para o que havia sido um século turbulento.

O início do século XVIII não prometia algo muito melhor, pois em 1707, atormentada por problemas dinásticos e religiosos, a Escócia entrou em uma união política com a única nação que havia sido sua inimiga constante. O resultado foi a Grã-Bretanha. A nova entidade nasceu por necessidade, e não por desejo: a Escócia precisava de comércio e segurança religiosa, enquanto a Inglaterra precisava saber que sua fronteira norte estava segura durante suas constantes guerras europeias. Com o pesadelo de uma aliança franco-escocesa assombrando os sonhos dos estadistas ingleses, não é de admirar que muitos no sul da Grã-Bretanha se regozijassem quando a Escócia foi seduzida, subornada ou ameaçada, para uma união que era contrária aos desejos da maioria dos escoceses.

Durante décadas, a União pouco fez pelo comércio escocês e

nada pela indústria baleeira. Os holandeses continuaram a dominar a caça à baleia europeia, vendendo o seu óleo e barbas aos mercados escoceses e ingleses, enquanto os escoceses apenas observavam. Foi o Rei George quem decidiu desafiar novamente a supremacia holandesa. Além de razões econômicas, ele tinha um motivo oculto, pois se a Grã-Bretanha possuísse uma frota baleeira bem-sucedida, também teria um reservatório de marinheiros resistentes que poderiam ser pressionados a se juntar à marinha em tempos de guerra.

A dificuldade em iniciar a indústria baleeira estava em persuadir os aventureiros mercantes a investir suas riquezas numa ocupação tão perigosa, mas o suborno, sob a forma de um sistema de recompensa, aliviou esse bloco. Assim, em 1733 o governo proclamou que pagaria uma recompensa de 1 libra por cada tonelada de peso para um navio com mais de 200 toneladas que se aventurasse no comércio baleeiro. No entanto, havia estipulações rigorosas: cada embarcação tinha de carregar quarenta linhas de pesca de baleia de 120 braças, quarenta arpões, provisões para seis meses, quatro barcos para a caça propriamente dita, cinco primeiros viajantes ou "homens verdes"; e, o mais incomum, um cirurgião.

Para garantir que eles realmente navegassem para o norte, e não apenas embolsassem a recompensa e permanecessem no porto, existiam regulamentos rigorosos para estas empresas baleeiras. Cada navio tinha de ser medido pelo oficial da alfândega. Cada proprietário, capitão e marinheiro tinham de fazer um juramento de que estavam destinados a ir para as áreas de pesca de baleias. Cada navio tinha de manter um diário de bordo para registar a sua viagem. Se o governo estava ajudando a financiar esta indústria, queria que ela fosse devidamente regulada e controlada.

Os comerciantes britânicos, no entanto, eram demasiado cautelosos para serem tão facilmente comprados, e poucos caíram na conversa. Em 1749, a Grã-Bretanha só navegava dois navios baleeiros. Só em 1750, quando o governo duplicou a recompensa, é que os investidores consideraram seriamente o comércio baleeiro. Uma recompensa de duas libras esterlinas por cada tonelada de peso acima de duzentas toneladas pode não soar muito, mas em 1750, tal soma poderia cobrir as despesas de uma viagem baleeira. Os aventureiros mercantes estavam limitando sua responsabilidade e, se bem-sucedidos, ainda assim obteriam o lucro. Empresas surgiram em toda a Grã-Bretanha, desde Londres, no sul, até Aberdeen, no norte. Naquela fase inicial, não havia baleeiros saindo de Moray Firth. Os comerciantes astutos do norte preferiram segurar sua riqueza, observar as viagens dos baleeiros e esperar por resultados.

Embora fosse óbvio que o governo não tomou nada em confiança, as empresas baleeiras floresceram. Leith tornou-se um porto baleeiro, com Aberdeen seguindo, e o primeiro dos navios de Dundee navegando para o norte em 1754. Havia também navios de Dunbar e Montrose, Burntisland, Kirkcaldy e Bo'ness, mas os portos de Moray Firth permaneceram quiescentes. Eles não tinham necessidade de se aventurar tão longe no norte, já que negociavam com seus parceiros de longa data na Europa. Os riscos da caça à baleia não valiam a margem de lucro.

Enquanto a indústria baleeira escocesa deu passos, principalmente tímidos, para o Ártico, os ingleses deram passos gigantescos, com as frotas flutuantes de baleeiros de Londres e Hull. No entanto, apesar da ajuda do governo, a indústria baleeira britânica do Ártico permaneceu menor do que outras nações. Os holandeses continuaram a ser uma força formidável, enquanto os navios das colônias norte-americanas se impulsionaram para a frente para dominar o fornecimento de produtos relacionados à baleia para a Grã-Bretanha. Somente após a Revolução Americana e o nascimento dos Estados Unidos, a indústria baleeira britânica realmente explodiu. Como não faziam mais parte do Império, os baleeiros das ex-colônias americanas perderam suas vantagens comerciais; alguns imigraram para a Grã-Bretanha e trouxeram sua perícia com eles.

Embora os portos ingleses ainda fossem os mais importantes na Grã-Bretanha, os portos escoceses estavam provando sua importância. Dunbar e Leith, Bo'ness e Kirkcaldy, Dundee e Montrose, todos enviavam navios para o norte. Então, em 1788, Peterhead, uma curva depois de Moray Firth, foi o primeiro a experimentar o comércio baleeiro e foqueiro. O primeiro navio Peterhead foi o *Robert*, de 169 toneladas, comandado por ingleses e, em grande parte, tripulado por ingleses. O Capitão Peacock levou-o para o norte a cada temporada na década seguinte, mas com apenas um sucesso moderado. Em dois desses dez anos ele voltou para casa 'limpo', ou vazio de baleias, e sua melhor captura foi de apenas três baleias. No final daquela década, tornou-se evidente que havia algo de errado com o bom navio *Robert*, e havia especulações de que o Capitão Peacock e muitos dos seus tripulantes ingleses tinham aceitado subornos anuais de companhias baleeiras inglesas para falhar. Acreditava-se, talvez corretamente, que os portos do sul queriam manter o seu domínio do comércio baleeiro.

Assim, em 1798, o Sr. J. Arbuthnott e o Sr. John Hutchison, de Peterhead, pressionaram para que houvesse uma mudança de pessoal. O Capitão Peacock e seus seguidores ingleses foram demitidos e os homens de Peterhead foram contratados em seu lugar. Com o capitão local Gearey no comando, *Robert* teve mais sucesso na sua décima primeira temporada, capturando quatro baleias, que produziram 71 *tuns*[1] de óleo. No entanto, isso foi apenas o começo, com o dobro do número de baleias capturadas no ano seguinte, produzindo 96 *tuns* de óleo. Peterhead tinha, finalmente, começado a mostrar o sucesso que havia sido transformar a cidade no principal porto baleeiro da Grã-Bretanha.

Em 1802, a companhia baleeira de Peterhead substituiu *Robert* pelo navio maior, *Hope*, de 240 toneladas, e nessa época o Capitão Gearey apanhou onze baleias. A tendência expansionista continuou em 1804, quando Peterhead duplicou a sua frota, acrescentando as 290 toneladas do *Endeavour*. No entanto,

Peterhead ainda era apenas uma pequena engrenagem na indústria baleeira britânica, com Londres, Hull e Whitby, sendo muito mais importantes, e outras cidades escocesas da costa leste enviando navios de um ou dois a cada vez. Não foi até 1810 que Peterhead comprou *o Active*, mas com 308 toneladas ele era um grande e ótimo navio. O *Perseverance*, de 240 toneladas, veio na temporada seguinte, e uma década de boa pesca, como era conhecida a caça à baleia, viu novos aumentos na frota, apesar do perigo de ataque dos Estados Unidos durante a guerra americana de 1812 a 1814.

O total de navios de Peterhead cresceu constantemente: seis em 1813, oito em 1815, onze em 1818, o que revelou que a caça à baleia não só era bem-sucedida, como próspera, num período em que grande parte da Grã-Bretanha vivia uma recessão feia e havia tumultos sociais e políticos no país. Em 1820, Peterhead aumentou a sua frota para dezoito navios e os Homens da Groenlândia festejavam nas tabernas da cidade.

Como se para mostrar que o mar nunca deve ser tomado como garantido, a tendência ascendente parou e se nivelou numa linha reta. Nenhum navio novo foi acrescentado à frota baleeira de Peterhead até 1825 e o mar começou a cobrar o seu preço. A caça à baleia do norte foi sempre um comércio atribulado, com o perigo constante de tempestades aumentando os perigos do gelo, da neve e do chicote da cauda de uma baleia, mas, até agora, Peterhead tinha sido afortunado. Em 1822, ele perdeu o *Invencible*, e no ano seguinte o *Dexterity*, de 321 toneladas. Não é de se surpreender que o interesse pelo comércio de baleias tenha caído e, em 1827, apenas treze navios navegaram para o norte saindo de Peterhead.

Houve mais três navios perdidos em 1828, quando os veteranos *Enterprise* e *Active*, ficaram entre os que não regressaram. Mais uma vez a confiança foi abalada, mas doze navios dirigiram-se para o Ártico em 1829, e todos regressaram em segurança. 1830 provou ser um dos piores anos para a indústria baleeira britânica, com dois navios de Peterhead entre os dezenove perdidos naquele ano. O grande *Resolution*, de 400 toneladas foi um, e o *Hope*, o segundo baleeiro Peterhead, foi o segundo. Mais vinte e um navios britânicos voltaram aos seus portos de origem sem nenhuma baleia. Esse ano marcou o início de uma década ruim, com Peterhead compartilhando o mal-estar geral. Em 1831, o porto perdeu *James*, mas, depois disso, o número de navios baleeiros permaneceu estático. Onze embarcações navegaram e onze voltaram, mas se não houve mais perdas, também não houve sucesso espetacular.

Em 1836, os navios de Peterhead trouxeram de volta um magro total de seis baleias e 86,5 *tuns* de óleo. Como o salário da tripulação se baseava num pequeno número mensal, aumentado por uma parte do lucro do óleo de baleia, uma captura baixa significava esposas desapontadas, filhos famintos e homens em uma busca desesperada por emprego. Não surpreendentemente, apenas dez navios baleeiros navegaram para o norte nos dois anos seguintes. Como parecia que a caça à baleia estava desaparecendo, os donos, capitães e acionistas, esperavam uma nova fonte de renda para justificar seu investimento nas frotas baleeiras, e a encontraram na caça à foca, ou na pesca à foca, como era conhecida na época.

Em 1837, alguns navios britânicos tentaram caçar focas e tiveram lucro. No ano seguinte, ficou evidente que a caça à foca era mais lucrativa e menos perigosa do que a caça à baleia, por isso, em 1839, a maior parte da frota de Peterhead aumentou a sua atividade baleeira com a foqueira. Doze navios navegaram para o norte, número reduzido para onze em 1840, quando o antigo *Perseverance* se perdeu.

No entanto, apesar da onda de esperança, alguns navios ainda não tiveram sucesso, e as perdas continuaram a reduzir a frota de Peterhead. De onze em 1841, foram dez em 1842, com apenas cinco baleias capturadas. No entanto, a caça à foca forneceu uma linha de vida sangrenta para os marinheiros do Ártico, com 15.000 focas mortas por embarcações de Peterhead nesse mesmo ano. 1843 foi ligeiramente melhor, por isso o número de navios, neste comércio de montanha-russa, aumentou em um no ano seguinte. Um novo padrão de trabalho surgiu, com alguns navios navegando para a caça às focas no Mar da Groenlândia pescando focas e depois voltando para casa, enquanto outros navegaram para a caça às baleias no Estreito de Davis.

A caça às focas se mostrou lucrativa, e o número de navios de Peterhead flutuou de acordo com o sucesso do porto, então, em 1851, quinze navios de Peterhead mataram 83.000 focas e, em 1852, foram vinte e dois navios. O sucesso da caça às focas de Peterhead atraiu a atenção de especuladores e comerciantes ao longo da costa de Moray Firth, e em 1852, outros portos entraram no comércio de focas do norte. Os anos seguintes foram de grande interesse.

A população local mostrou grande interesse no comércio. Eles se juntavam em centenas para ver os navios partirem. Em 1859, Gordon Stables, um médico estudante, nascido em Aberchirder, e que mais tarde se tornou cirurgião da Marinha Real e autor de histórias de aventuras de rapazes, escreveu: "a pequena cidade inteira de Bonnie estava lá para nos ver começar, e realmente havia mais lágrimas derramadas do que lenços para secar ou enxugar". Ele navegou para norte no brigue *Vulcano*, naquele ano.

Tanto a caça à foca, como a caça à baleia, exigiam um desembolso de capital considerável, particularmente depois do fim do sistema de recompensa em 1824. Havia três grandes drenos no capital de qualquer empresa baleeira: o navio, as provisões e os salários para a tripulação. Destes, o navio vinha em primeiro lugar, pois era necessário um tipo especial de embarcação para sobreviver no gelo ártico.

As embarcações baleeiras do Ártico tinham de ser construídas de forma incrivelmente forte para resistir às condições terríveis em que trabalhariam. Os cascos eram "dobrados", o que significava que tinham uma camada extra de aplainamento, com uma terceira camada sobre os arcos, ou por vezes uma cobertura de ferro. O gelo podia danificar até mesmo essas placas de ferro, como o Cirurgião Trotter, do navio de Fraserburgh, o *Enterprise*, apontou em 16 de junho de 1856: "várias de nossas placas de ferro defensivas desapareceram".

Algumas embarcações podem também ter sido reforçadas com vigas de gelo, que eram vigas de madeira, com cerca de 30 centímetros de espessura, colocadas como contraventamentos internos. No início, e mais além no século XIX, as embarcações baleeiras eram conhecidas como "barcos de gordura" e eram curtas, com cerca de 30 metros de comprimento, atarracadas e imensamente fortes. Dizia-se que o cheiro de um navio baleeiro quando cheio de gordura de baleias era chocante, por isso talvez houvesse uma boa razão para outras embarcações os tratarem com desprezo.

No início, as embarcações transportavam grandes barris nos quais era colocada a gordura das baleias, mas depois de meados do século XIX, muitas foram equipadas com tanques de ferro, o que facilitou o armazenamento da gordura. Os baleeiros transportavam mais homens do que as embarcações comerciais comuns, pois a tripulação tinha de navegar no navio e remar em pequenas embarcações para caçar, matar e trazer as baleias de volta. O maior dos navios podia transportar até setenta homens, com o menor ainda tendo trinta e cinco. No início do século XX, pequenos brigues com tripulações de cerca de uma dúzia iam para o norte, mas representavam o pontapé mortal da indústria baleeira escocesa do Ártico.

Em vez de receberem uma taxa fixa, os Homens da Groenlândia recebiam um salário fixo e um bônus que dependia da quantidade de óleo que traziam para casa. Numa boa viagem, este dinheiro do óleo podia ser responsável pela maior parte do seu salário e ajudava a encorajar a tripulação a caçar as baleias, o que era provavelmente a parte mais perigosa do seu trabalho.

Há muitos exemplos do comportamento frequentemente violento dos Homens da Groenlândia, que eram tão duros como qualquer marinheiro a flutuar. Os marinheiros de Moray Firth não pareciam ser diferentes da corrente geral dos baleeiros, e o Cirurgião Trotter, da embarcação de Fraserburgh, *Enterprise*, em 1856 mencionou o seu comportamento geral, em particular os xingamentos: "os terríveis xingamentos e maldições a que me acostumei".

As embarcações baleeiras em si não participavam da caça, mas agiam como navios-mãe, enviando pequenas embarcações que continham cinco, seis ou sete homens, e que lançavam o arpão e cuidavam da matança propriamente dita. Era fácil para estes pequenos barcos perderem-se entre os grandes icebergs, ou em um nevoeiro, ou serem levados por uma tempestade repentina. O diário de Alexander Trotter tem muitas menções de nevoeiros, como por exemplo: "Ainda muito espesso, o tempo abrindo ocasionalmente por algumas horas e se fechando tão ruim como sempre... quando alguém se levanta de manhã e pergunta: 'já está espesso assim?' a resposta parece invariavelmente ser '...tão espesso como leitelho ou mingau'". E novamente: "ele desceu tão espesso que não pudemos ver perto da metade do caminho até, por exemplo, o barco, então disparávamos tiros de vez em quando, e soprávamos através de uma trombeta para que soubessem onde estávamos". A menção da trombeta é interessante, pois há um exemplo de uma trombeta de nevoeiro no museu da pesca em Anstruther, usada pelo Capitão Smith de Cellardyke, em Fife. Ela é notavelmente pequena para o propósito, feita de metal e, para uma geração acostumada a auxílios tecnológicos para tudo, parece grosseiramente inadequada para o propósito.

Também era fácil para os navios baleeiros, particularmente os navios movidos a vela, ficarem presos no gelo. Mais uma vez, Trotter menciona este fato: "um grande número de navios ficou preso no gelo, incapaz de sair novamente no momento". O gelo também prendeu o *Vulcan* quando Stables estava nele em 1858. Ele esteve preso no gelo durante seis semanas de caça às focas e preocupação, com o susto ocasional enquanto os icebergs se chocavam contra o navio. Durante todo o tempo ele estava ao sul de Jan Meyer. O Capitão Stephen mandou esculpir um canal através do gelo e as mãos lutaram com serras de gelo e pólvora para libertar o *Vulcan*. Ele escapou, para descobrir que estava apenas em um longo canal de água dentro do bloco de gelo e teve que perfurar o seu caminho, com as mãos remando os barcos e se afastando do gelo enquanto a música do violino lhes dava ânimo.

Essa faceta da caça à baleia era bastante comum, com muitos diários e relatos das altas latitudes tendo pelo menos uma menção de embarcações presas no gelo. John Nicol, um dos poucos marinheiros do século XVIII que deixaram um relato escrito de sua vida, também o mencionou: "estivemos durante dez dias completamente presos no gelo... e o navio foi tão pressionado por ele que todos pensaram que seríamos esmagados em pedaços ou forçados a sair para o topo do gelo, ficando por lá para sempre".

Em 1834, o navio de Dundee, *Dorothy*, ficou preso e o mestre, Thomas Davidson "chamou todas as mãos e forçou o navio a sair". Mesmo já em 1884, quando a maioria das embarcações baleeiras eram movidas a vapor, o gelo podia ser formidável, como mostra esta curta passagem de Matthew Campbell, que navegou na embarcação de Dundee, *Nova Zembla*: "Ao meio-dia, presos rapidamente no gelo e tentamos voltar pela popa, mas de nada adiantou. Chamamos toda a tripulação para mover o navio, o que fizeram com vontade, tanto de fato que seus barcos quase tocaram o gelo".

A possibilidade de tempestades também estava presente. Trotter falou do tempo pesado: "claro hoje, mas com um mar tremendo: forçado a levar dois dos nossos barcos para o convés [que estavam pendurados ao lado] e também a bloquear uma das janelas da popa".

Por vezes, não havia vento nenhum e, em vez de terem férias, os marinheiros envolvidos na caça às baleias tinham de trabalhar mais do que nunca. Por exemplo, no baleeiro de Dundee, o *Dorothy*, em 1834, quando houve um período com quase nenhum vento, o mestre "chamou todas as mãos para rebocar o navio". Como com o reboque de *Vulcan*, as tripulações do barco cantavam enquanto remavam.

A vida de um baleeiro não era certamente para marinheiros novatos, mas apenas para os marinheiros mais trabalhadores e mais robustos. Felizmente, os portos escoceses produziam uma pletora de homens assim. A maioria de suas ações ficaria sem registro, mas um marinheiro registrado foi James Sim, de Broadsea, por Fraserburgh. Ele só é conhecido porque se casou com Christian Watt, uma mulher de Broadsea, que o incluiu em seu incrível diário. Com mais de dois metros de altura, James Sim era alto, e certamente corajoso, pois tinha ajudado a salvar a tripulação de um navio norueguês com problemas ao largo da costa oeste, além de ter sido patriota, tendo-se voluntariado para a Marinha durante a Guerra da Crimeia. Hoje ele pode ter se tornado uma celebridade, mas em meados do século XIX, ele era apenas mais um marinheiro escocês, arriscando sua vida toda vez que se colocava no mar e vivendo com salários miseráveis.

Dado que os salários eram semelhantes ao longo da costa, embora pareça que os homens contratados em Shetland eram pagos com valores menores, as taxas para Peterhead, publicadas em 1858, seriam provavelmente as típicas para marinheiros na atividade baleeira e foqueira para os portos de Moray Firth durante o mesmo período. O imediato era pago 4 libras e 15 xelins por mês, com um bônus de 6 xelins por *tun* de óleo, e 2 xelins e 6 pence por cada 1.000 focas. O segundo imediato recebia 3 libras por mês e 6 xelins por tun de óleo e 2 xelins e 6 pence para cada 1.000 focas. Um arpoador chefe, responsável pelos arpões e outros equipamentos baleeiros, recebia 3 libras por mês, com 6 xelins por *tun* de óleo e 1 xelim e 6 pence por *tun* de barbas de baleia, 2 xelins e 6 pence por cada 100 focas e uma soma que variava de 16 xelins e 6 pence a 31 xelins e 6 pence, por cada baleia que arpoava.

Os outros arpoadores receberam 3 libras por mês, 6 xelins por *tun* de óleo, 2 xelins e 6 pence por 100 focas, a mesma quantidade de arpoamento de uma baleia. Os timoneiros que guiavam os baleeiros enquanto caçavam baleias recebiam 3 libras por mês e 3 xelins por *tun* de óleo. Aos marinheiros de convés (*able seamen*) eram pagos 2 libras e 10 xelins por mês e 1 xelim e 6 pence por *tun* do valor do óleo, sendo que os marinheiros comuns eram pagos de 2 libras a 2 libras e 5 xelins por mês e 1 xelim e 3 pence a 1 xelim e 6 pence por *tun* do valor do óleo. Por último, os "homens verdes", os navegadores que nunca tinham estado no mar antes ou, mais tarde, que nunca tinham navegado num navio baleeiro, eram pagos entre 35 xelins e 2 libras por mês com 1 xelim por *tun* do valor do óleo.

Embora esta tabela não incluísse o mestre, Innes MacLeod no seu *To the Greenland Fishing*, alegou que lhe seria pago um valor de 7 ou 8 libras por mês. Embora estes salários pareçam ridiculamente baixos hoje, eles eram melhores do que a maioria dos marinheiros ganhavam, desde que o navio fosse bem-sucedido. Pode-se facilmente ver que, quanto mais baleias os navios capturavam, melhor o salário dos baleeiros, e aqueles que se encontram no fundo da escala de pagamento gostariam de subir além do nível do "homem verde", para se tornarem pelo menos um marinheiro comum e provavelmente aspiravam a tornar-se um arpoador. Em certa medida, o sistema era justo, pois quanto maior a responsabilidade em um navio baleeiro, maiores as recompensas.

Os proprietários do navio, no entanto, sabiam que estes salários, relativamente altos, acrescentavam às despesas da viagem. O financiamento de um navio baleeiro não era um fardo leve, pois embora as recompensas pudessem ser grandes se um navio apanhasse várias baleias, o Ártico era um lugar perigoso e muitos navios afundavam ou ficavam danificados. Mesmo que o navio voltasse ileso, a menos que pegasse uma quantidade razoável de baleias e focas, os donos não teriam dinheiro em seus bolsos, pois ainda tinham que pagar a tripulação e os salários. Os donos estariam desesperados por um mestre de navios de sucesso, um homem com a mistura certa de ousadia, cautela e sorte, para levar o navio para águas perigosas e trazê-lo de volta em segurança, com uma carga cheia.

Tal mestre era um homem estimado, mas tinha de possuir muitos talentos. Basil Lubbock, em seu *Baleeiros do Ártico*, incluiu um excelente capítulo sobre as qualidades necessárias para um mestre baleeiro. Lubbock disse que o capitão tinha que ser um líder natural que desse confiança aos seus homens. Ele tinha que entender sobre o clima, o gelo e as estrelas do Ártico. Tinha que ser capaz de levar seu navio para águas e passagens desconhecidas, com a combinação certa de cautela e ousadia. Ele tinha que tomar decisões instantâneas e corretas, usando excelente navegação e tendo conhecimento íntimo do trabalho de cada homem a bordo. Um capitão sortudo era o melhor de todos, e quando o Capitão Stephen deixou o navio de Fraserburgh, o *Melinka*, em 1868, alguns murmuraram que a sua boa sorte partiu com ele. Se um mestre baleeiro tivesse sorte, a tripulação iria segui-lo. O Capitão Markham, um oficial da Marinha Real que navegou como passageiro não-oficial no baleeiro de Dundee, o *Arctic*, em 1873, mencionou que o mestre, o Capitão Adams, sempre carregava uma moeda da sorte com ele.

Naturalmente, nem todos concordaram que os mestres baleeiros precisavam de uma variedade de habilidades. Por lei, os navios baleeiros eram obrigados a transportar um cirurgião, e estes eram principalmente homens jovens, no início dos seus vinte anos, estudantes à procura de dinheiro ou recém-formados à procura de experiência. Muitos destes homens deixaram um diário registrando as suas experiências, e sendo jovens, os seus escritos estão cheios de opiniões fortes e nem sempre favoráveis. Em 1834, John Wanless navegou na embarcação de Dundee, o *Thomas*, e disse que "as habilidades dos Mestres de embarcações de pesca baleeira são altamente elogiadas e valorizadas quando se mostram bem-sucedidas, mas... vamos apenas dizer que as qualificações de um capitão baleeiro sejam muito limitadas".

Uma viagem típica para a Groenlândia custaria cerca de 1.500

libras por navio a vela, o que era muito para se investir sem garantia de retorno, e mais ainda para os navios a vapor, movidos a carvão. Por esse motivo, as empresas baleeiras e foqueiras eram geralmente compostas por um certo número de indivíduos, de modo que o risco era mais reduzido. Muitos destes proprietários sabiam pouco sobre o mar. Eles sabiam, no entanto, que quanto mais longa a viagem e quanto mais fundo os navios penetrassem nos mares gelados do norte, mais perigoso e mais caro seria.

Na maioria dos casos, uma empresa era formada para um único navio, ou certo número de navios e pessoas, homens ou mulheres, compravam uma única ação ou várias ações do navio. O investimento mínimo, uma ação, era de uma sexagésima quarta parte do navio, e os investidores frequentemente tinham ações em vários navios, caso um determinado navio fosse afundado ou danificado. Houve ocasiões em que a propriedade de qualquer embarcação mudava de mãos de uma forma desconcertante. O caso do baleeiro de Dundee, o *Friendship*, foi um exemplo disso. Originalmente um prêmio de guerra capturado dos franceses, o *Friendship* foi registrado em Dundee em 1827, como propriedade da Friendship Whaling Company, com proprietários que incluíam os comerciantes David Ouchterlony e Robert Stirling, e o livreiro George Miller. Em dezembro de 1828, estes três transferiram suas ações para Thomas Nicoll, um comerciante de Dundee, que vendeu quatro partes para Thomas Davidson, mestre de navio, no dia 10 de fevereiro de 1829. Dez anos mais tarde, a Sra. Charlotte Robertson ou Nicoll era uma proprietária, juntamente com a Sra. Margaret Nicoll ou Ross, possivelmente sua cunhada, e Mary e Ann Nicoll com James Brydon Nicoll e Charlotte Nicoll. Três anos depois disso, a Sra. Margaret Davidson, viúva do dono de navios Thomas Davidson, era a única proprietária.

Os donos de navios, naquela época, nem sempre eram leais à sua embarcação, que muitas vezes era apenas um método de ganhar dinheiro. Muitos não tinham uma forte ligação marítima;

o primeiro navio a vapor de parafuso[2] de Dundee, o *Tay*, era parcialmente propriedade de George Alison e William Strong, comerciantes de vinho, que também tinham ações em Dundee, enquanto o fazendeiro de Fife, Peter Christie possuía três ações no *Camperdown*. O navio de Dundee, *Horn*, também tinha uma variedade de proprietários sem nenhum conhecimento, ou interesse, marítimo óbvio. Assim como os mercadores James Gray e Robert Stirling, que foram donos em uma época ou outra, e George Miller, o livreiro, John Mackay, o chapeleiro, e Andrew Powrie, o vendedor de fumo. No caso de *Eliza Swan*, o navio baleeiro de Montrose, a única proprietária era Eliza Swan, esposa de um Sr. John Brown.

Os navios Moray Firth teriam uma ampla base de propriedade semelhante, mas, infelizmente, os documentos da empresa não sobreviveram.

Nota-se que nem todos os acionistas eram homens, mas as mulheres não tinham apenas ações em navios baleeiros. Elas também podiam se envolver no negócio. Christian Watt, esposa e filha de homens baleeiros, tinha uma avó, Christian Noble, da aldeia de pescadores Broadsea, de Fraserburgh, que também "tinha ações nas estações baleeiras da Groenlândia".

Em meados do século XIX, quando os portos de Moray Firth entraram no comércio baleeiro e foqueiro, os navios baleeiros frequentemente caçavam focas primeiro e só depois se dirigiam para as zonas baleeiras dos mares da Groenlândia ou para o Estreito de Davis. O seu destino inicial no Estreito de Davis era a Baía de Pond, onde se esperava que as baleias se reunissem a meio de Julho, e a caça deveria ser boa, assim que o gelo se soltasse.

O navio baleeiro navegava para os locais de caça, e o mestre enviava um marinheiro de convés para a cesta do mastro para procurar a presa. Assim que ele via uma baleia, ou um 'peixe', ele gritava, e os barcos eram baixados e corriam para o local onde a baleia, ou o seu esguicho, havia sido visto. No início, o arpoador atirava o arpão, mas em meados dos anos 1850 a maioria dos barcos tinha um lançador de arpões na proa, que era apontado e disparado contra a baleia. Os arpões não tinham a intenção de matar, mas sim de agir como um anzol gigante, com o barco e a tripulação agindo como a vara.

O timoneiro estava no comando até o barco estar dentro do alcance do arpão. Ele conduzia o barco para se aproximar da baleia pela lateral, tendo o cuidado de evitar os golpes da cauda que poderiam virar um barco ou reduzi-lo a lascas num segundo. Uma vez perto o suficiente, o arpoador atirava o arpão à mão, geralmente com duas mãos, e assegurava que o arpão ficasse preso no corpo da baleia. Se o arpoador desse um bom tiro e atingisse a baleia, aquele barco levantava uma bandeira, um "sinal" para avisar ao navio-mãe que ele estava "preso" na baleia. Segundo o Cirurgião Trotter do *Enterprise*, uma vez levantado o sinal, "o navio inteiro ressoava com o grito de 'uma queda, uma queda' e... cada homem corria para o convés num instante, alguns novos acabando de sair da cama e meio nus, alguns com roupas na mão... todos saltavam para os barcos." Os outros barcos, em seguida, sobrevoavam e tentavam adicionar o seu arpão ao do primeiro, o barco "da captura".

Uma vez atingida, a baleia dispararia, mergulhando ou conduzindo através da água ou gelo, arrastando o pequeno barco atrás dela. Naturalmente, o peso extra cansava o animal e, se mais de um barco conseguisse engatar o seu arpão, então a baleia ficava cansada mais depressa.

Em teoria, matar uma baleia era um exercício de muito sangue frio, mas nem sempre apenas para um lado, já que a baleia, muitas vezes, se esforçava imensamente para arrastar um pequeno barco para quilômetros do seu navio-mãe. Uma baleia podia mergulhar de cabeça, ou de cauda, ou podia virar um barco descuidado com um abanar de suas barbatanas se o barco estivesse de lado.

William Barron, na página 73 de seu livro *Old Whaling Days*, mencionou uma "baleia diabólica" que esperava até que os caçadores estivessem perto e, então, "ela atacaria com sua cauda e barbatanas de uma maneira perigosa". Às vezes, a baleia ganhava a luta e sobrevivia. O arpão podia escapar da carne, ou a linha podia ficar emaranhada e ter de ser cortada, ou a baleia podia tomar todas as 60 ou 70 braças de linha e nadar para longe, particularmente se apenas um barco fosse rápido. Se isso acontecesse, então o sinal seria baixado e o capitão do navio baleeiro seria um homem infeliz.

A baleia costuma nadar cerca de cinco ou sete nós, arrastando o barco, ou barcos, atrás dela. Era comum uma baleia arrastar todas as 600 braças das linhas de um barco, ou as de dois ou mais barcos. As baleias não conseguem respirar debaixo de água, por isso devem vir à superfície e, quando o faziam, outros barcos adicionavam os seus arpões e a baleia voltava a correr, mas toda vez que ela surgia na superfície, os barcos estavam à espera. Quando ela finalmente parava em pura exaustão, perda de sangue e dor, os barcos se juntavam para a matança com lanças. Eles se aproximavam com cautela, pois a baleia ainda poderia ser perigosa. Empurravam lanças para dentro do corpo para matá-la e depois rebocavam o cadáver para casa.

O golpe de maior fatalidade imediata era na garganta estreita, cerca de quarenta centímetros atrás do orifício respiratório. Outros pontos vulneráveis ficavam abaixo das barbatanas e para a frente, em direção à garganta, e abaixo da barbatana em direção ao coração. Se a baleia cuspisse sangue através do seu orifício respiratório, então ela estava mortalmente ferida e os barcos recuavam e deixavam-na morrer.

A caça e a matança eram um negócio emocionante, mas sangrento, no entanto, cada baleia morta significava mais dinheiro para a tripulação e, portanto, menos preocupação com a pobreza durante o inverno. Os caçadores de baleias, assim como os caçadores de focas, estavam fazendo um trabalho e ganhando dinheiro para alimentar suas famílias da melhor maneira que podiam. Eles não podiam se dar ao luxo de ser sentimentais em relação à sua presa, e a julgar pelos diários que deixaram, poucos eram. A caça e a matança estavam entre os principais esportes da era vitoriana, e a caça às baleias combinava esporte com lucro.

Na década de 1850, os mestres baleeiros começavam a lamentar a falta de arpoadores de qualidade. Eles se lembravam de dias em que arpoadores ousados saltavam para a parte de trás de uma baleia, para garantir um alvo apropriado, mas tais homens eram agora raros. É possível que isso ocorresse porque os mestres e proprietários estavam mais concentrados na caça de focas, o que não dava aos homens a oportunidade de ganhar a experiência necessária. Na década de 1850, alguns arpoadores nem sequer conseguiam atingir a baleia, fosse por falta de habilidade ou por falta de coragem. Deve ter sido assustador aproximar-se de um animal tão grande, sabendo o perigo inerente de ser virado de cabeça para baixo, com os riscos de congelamento e de perder um membro, ou mesmo de morrer. O *Jornal Banffshire* mencionou uma ocasião em que um mestre baleeiro de Peterhead ficou tão frustrado ao ver seus arpoadores falharem o alvo que ameaçou atirar no próximo barco que falhasse. Alexander Trotter mencionou uma tentativa fracassada quando "várias baleias com nariz de garrafa estavam muito perto de nós. Um dos nossos barcos tentou pegar uma delas, mas, infelizmente, o arpoador errou".

Quando a baleia era eventualmente morta, os barcos amarravam uma linha à sua cauda para rebocá-la de volta ao navio. Se o peixe nadava uma longa distância, esta viagem podia demorar algumas horas, mas os homens ainda cantavam uma canção de bordo, sabendo que conseguiriam ganhar dinheiro de óleo.

Quando chegavam ao navio, a cabeça da baleia era removida e o chefe arpoador retirava as barbas da baleia. Depois disso, a gordura era removida, mantida por alguns dias e depois armazenada nos tanques especiais ou em barris. Quando as últimas partes úteis, ou rentáveis, eram removidas da baleia, o que restava, conhecido como o *kran*, a carcaça, era cortada.

Estimando a quantidade de óleo que uma baleia de grande

porte poderia fornecer, uma baleia de cerca de vinte metros poderia trazer pelo menos nove *tuns*, sendo que os peixes menores traziam proporcionalmente menos. Uma baleia grande poderia ter gordura de até 40 centímetros de espessura, mas trinta era o mais comum, e por vezes a camada tinha apenas vinte centímetros. De qualquer forma, esfolar e esquartejar a baleia, ao tirar-lhe a gordura, era um momento feliz a bordo. Quanto mais as baleias eram esfoladas, mais lucro o navio tinha feito e mais gordo seria o pacote de pagamento dos homens.

A caça à baleia era perigosa em muitos aspectos. Para além do risco dos pequenos barcos baleeiros se perderem no gelo ou no nevoeiro, havia a possibilidade de serem derrubados por uma baleia, ou de todo o navio se afundar. Havia também a preocupação de cegueira por causa da neve, ou o sempre presente medo de acidentes de cair das embarcações. A vida no mar era sempre perigosa.

Quando o navio baleeiro voltava ao porto, a gordura era levada para os terrenos de ebulição para ser transformada em óleo. O processo era simples. A gordura de baleia era cozida sozinha numa enorme panela de cobre, e a gordura de foca era adicionada com água. A gordura de baleia era fervida durante algumas horas e o líquido resultante, o óleo, corria para grandes calhas, ou resfriadores. Ali ficava até o sedimento afundar. O restante era vertido em barris e estava pronto para venda. Os lucros podiam ser grandes com óleo, no final de 1850, a mais de 40 libras por *tun*, barbas de baleia a partir de 300 a 550 libras por tonelada, e peles de foca chegando a 7 xelins e 6 pence cada em um ano bom.

No início da década de 1850, os portos de Moray Firth estavam acordando para os lucros que poderiam ser feitos no norte. Os homens que esperavam investir em um navio baleeiro ou foqueiro pesquisariam o seu mercado e descobririam exatamente o que estava envolvido na navegação no Ártico.

CAPÍTULO TRÊS

UMA VIAGEM TÍPICA DE PESCA À BALEIA

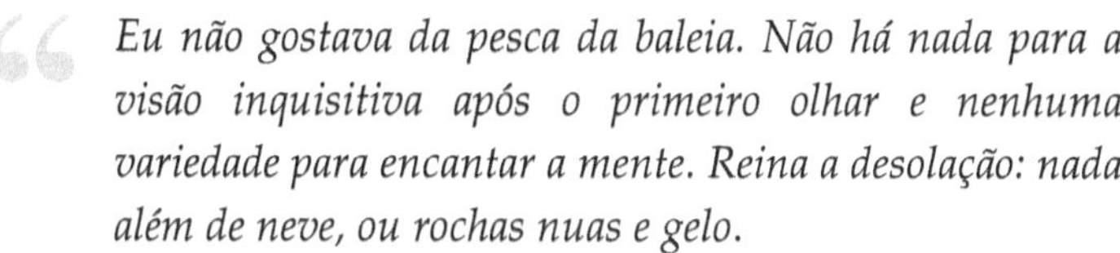

Eu não gostava da pesca da baleia. Não há nada para a visão inquisitiva após o primeiro olhar e nenhuma variedade para encantar a mente. Reina a desolação: nada além de neve, ou rochas nuas e gelo.

JOHN NICOL, MARINER, PÁGINA 61

Não havia uma viagem típica de pesca à baleia, pois cada viagem dependia de vários fatores como o clima, a composição da tripulação, o próprio navio, o caráter e experiência do comandante e, provavelmente, a sorte. No entanto, havia certos eventos que eram comuns à maioria das viagens, e embora o número de diários de bordo dos navios baleeiros seja limitado, o que acontecia num navio pode ser razoavelmente aceito como sendo um exemplo do que poderia ocorrer em outros.

O historiador tem a sorte de haver fontes sobreviventes para as viagens baleeiras, embora estas estejam dispersas, pertencentes a muitos portos. Num aspecto particular, os baleeiros eram diferentes dos outros navios mercantes britânicos, pois a lei obrigava-os a transportar um cirurgião. Em muitos casos, este homem era jovem: sendo ou um médico recentemente qualificado, ou um estudante de medicina; e estes homens frequentemente mantinham um diário das suas experiências.

Antes de deixarem o porto, o agente do navio pagava aos Homens da Groenlândia um adiantamento sobre o seu salário, normalmente um mês de salário que, em teoria, era para comprar roupas adequadas para a viagem. Esta prática era comum para os marinheiros de toda a Grã-Bretanha. Por exemplo, em Leith, 1837, "Os proprietários vinham a bordo e pagavam a cada homem um mês de adiantamento".

Os Homens da Groenlândia também assinavam "artigos" ou um contrato para a estação seguinte, mas não receberiam a maior parte do seu salário até que toda a gordura de baleias e focas tivessem sido fervidas em óleo e vendidas, e a quantidade devida a cada homem fosse calculada. A ideia desse dia de pagamento final sustentaria os Homens da Groenlândia durante todo o rigor da viagem, pois o pagamento de um adiantamento significava que eles poderiam se divertir nas tabernas de Banff ou Fraserburgh, ou em qualquer vila de pesca para a qual eles voltassem.

O navio baleeiro deixava seu porto de origem por volta de fevereiro ou março, geralmente com o acompanhamento de aplausos e bons votos de uma saudável multidão de familiares e amigos. Da Escócia, o navio rumava para Shetland ou Orkney, para completar a tripulação com os esplêndidos, e relativamente baratos, marinheiros das ilhas do norte, e depois rumava para o norte. Os comandantes do navio gostavam dos homens de Shetland, como disse Hector Adams, de Victor, em 1877: "Os marinheiros de Shetland eram sóbrios e limpos, bem fornecidos de boas roupas... e rapazes bons e sólidos que eram". Quando Gordon Stables navegou para o norte no *Vulcan*, como um estudante de medicina do primeiro ano, ele mencionou terem pegado trabalhadores extras, estoque e roupas de lã em Lerwick, e partido com a saudação dos outros marinheiros e mulheres em pequenos barcos.

Mesmo esta primeira parte da viagem podia ser

desconfortável para aqueles que não estavam acostumados com o mar, como o Cirurgião Trotter, de vinte anos de idade, escrevendo: "Fiquei na minha cama todo este dia, estando doente". O número de embarcações de caça à foca e caça à baleia parados em Lerwick poderia ser surpreendente, como o relato de Trotter: "Suponho que haja cerca de 40 parados no porto de Lerwick, à nossa volta". Em alguns casos, pelo menos em Stromness, Orkney, o pregoeiro público patrulhava a cidade, tocando seu sino e dizendo à tripulação que o navio deles estava para partir.

Até a introdução do vapor, o navio tinha uma escolha. Podia caçar focas e depois regressar diretamente à Escócia, ou caçar focas e depois dirigir-se para os terrenos baleeiros. O sistema mudou por volta de 1860, quando o sistema do vapor deu a algumas embarcações a capacidade de irem caçar focas e voltar para casa, desembarcando seus trabalhadores extras, antes de navegar para uma segunda viagem até aos locais de caça à baleia.

O período de caça à foca e à baleia saindo de Moray Firth encadeou esta divisão, com a indústria começando em 1852 e durando até ao final da década de 1860. No entanto, todas as embarcações de Nairn, Banff e Fraserburgh eram movidas a vela, portanto, ou navegavam exclusivamente para a caça à foca, ou faziam uma única viagem, caçando focas primeiro e então baleias. Até certo ponto, o advento da energia do vapor marcou o início do desaparecimento do envolvimento de Fraserburgh no comércio.

Saindo de Shetland ou Orkney, os navios foqueiros navegavam até Jan Mayen ou Spitsbergen, para as focas, mas caçavam ou atiravam em quase tudo o que encontrassem. O diário do cirurgião Trotter fornece amplas provas desta preocupação constante com a matança por esporte. No dia 7 de março de 1856, ele escreveu: "Consegui sair da cama e ir para o convés por quase uma hora e atirei em uma gaivota da popa". Seis dias depois ele escreveu: "atirei em quatro gaivotas ontem à noite... talvez um procedimento cruel, mas em tais assuntos a consciência é facilmente pacificada. Eles são chamados pelos marinheiros de malleys ou patos molly... Já atirei em cerca de uma centena... desde que saí de Shetland". Stables falou: "'esta época sombria do ano', enquanto navegavam 'para um mar de escuridão e desolação' que criava um 'sentimento a bordo era de depressão'".

O tempo era um perigo constante, seja com tempestades ou, mais ao norte, com nevoeiro e gelo. O cirurgião Trotter descreveu uma tempestade na passagem ao norte de Shetland, quando o tempo se tornou "cada vez pior, mar selvagem e frequentes rajadas de vento. Fui ao convés e tive uma visão esplêndida, embora temível; o mar era quase inteiramente uma massa de espuma e as ondas de um tamanho gigantesco". Stables falou sobre "o sol escondido atrás de grandes massas de nuvens cúmulus rolando como eu nunca tinha visto antes... as águas estavam muito altas e verdes e pareciam brincar de nos jogar de um lado para o outro com o pobre e velho *Vulcan*".

Como se para compensar as dificuldades, os mares do norte poderiam ser surpreendentemente belos e cheios de interesse. Havia também enganos, como nas vezes em que Barron falava da miragem de um navio, "invertido no ar e com seus mastros tocando navios de outros tempos podiam parecer alongados ou troncudos... as nuvens perto do horizonte ao norte pareciam-se tanto com a terra com suas montanhas cobertas de neve que qualquer pessoa poderia ser enganada, embora soubéssemos que a terra estava a cerca de 177 quilômetros de distância". A beleza também poderia ser um prenúncio de problemas, no entanto, como quando Barron mencionou testemunhar a aurora boreal, seguida por uma ondulação norte "que nos advertia para nos prepararmos para um vendaval". Havia também conforto dentro do navio, como menciona Stables: "lá embaixo na cabine... quando a grande lâmpada foi acesa, e um esplêndido fogo rugindo no grande fogão, sobre o qual brilhava uma urna de café de latão... Eu não achei meio desagradável".

Quando as embarcações chegavam ao gelo, a razão para o duplo aplainamento e a proa reforçada logo ficava aparente. Aqui está Trotter, novamente, em 17 de março de 1856: "chegamos a grandes massas de gelo, flutuando em riachos, através dos quais forçamos nosso caminho, o bom navio recebendo muitas batidas e sacudindo por vezes".

Apesar da força dos navios, eles também podiam deixar entrar água. O *Vulcan* vazou, então os homens estavam constantemente nas bombas e suas camas ficaram molhadas, apesar da adição de folhas de papel pardo entre as mantas para um aquecimento extra. Os homens pegaram gripe e pneumonia enquanto navegavam para o norte. No entanto, os navios baleeiros tendiam a alimentar bem os seus homens. Gordon Stables falou de "enormes pedaços de carne de vaca" pendurados na proa e nos topos principais, e que permaneciam congelados durante toda a viagem. O comissário de bordo tinha frequentemente de cortar a carne congelada com uma serra, enquanto a tranca da cerveja de Bass na cabine de *Vulcan* estava sempre congelada, apesar de estar perto do fogão da cabine. O café era muitas vezes preferido à cerveja ou bebidas alcoólicas, pois até mesmo naquela época, os marinheiros do Ártico sabiam que as bebidas não aqueciam em altas latitudes.

O tempo pode mudar repentinamente no norte. Stables fala de um momento em que ele estava na sua cabine tocando violino quando ouviu o imediato bater a bota três vezes no convés, o que era um sinal para todos os marinheiros no convés. Mesmo antes que os homens pudessem se reunir, uma súbita tempestade empurrou o *Vulcan* para o lado, de modo que o mar subiu sobre o convés, descendo pela escotilha e entrando até a cabine. Stables fala de mares "mais altos que o topo do mastro principal", que antecipou três semanas de tempestades que colocaram o brigue deitado, enquanto ele era empurrado para o oeste, em direção ao Atlântico. Aquela tempestade rasgou as velas do *Vulcan*, danificou o molinete e seus baluartes.

O tempo na viagem ao norte podia variar. O *Vulcan*

experimentou precipitações de neve que colocaram um tapete branco no convés, com homens usando pés-de-cabra para retirá-lo. Retirar as luvas protetoras era arriscar ter uma queimadura por frio. Trabalhar no alto de cordas geladas era perigoso; o hálito dos homens congelava nos beliches em que dormiam e nos baluartes do castelo da proa formando uma película de gelo. Havia sempre o risco de acidentes. O *Vulcan* perdeu seu cesto da gávea; ele escorregou pelo mastro, trazendo o ocupante, o velho Kenny McKenzie com ele e quebrando sua perna. Ele se recuperou disso, mas foi novamente ferido quando a embarcação foi golpeada pelo gelo, dois meses depois.

Embora os navios estivessem longe de casa, estavam frequentemente em companhia de outros foqueiros e baleeiros: no dia 24 de Março de 1856, Trotter mencionou que ele: "contou nada menos que 31 navios... quase metade deles eram noruegueses, dinamarqueses e holandeses". Era também prática comum para os mestres ou cirurgiões fazerem uma visita aos seus vizinhos. Trotter novamente, em 22 de Março: "o capitão do brigue *Sovereign*, de Fraserburgh, veio a bordo e ficou até à 1 hora".

Ver o gelo piscar era sempre um evento importante para os navios baleeiros ou foqueiros. O piscar do gelo era uma luz brilhante acima do horizonte, criada pelo reflexo do bloco de gelo no céu. Significava que a embarcação tinha chegado aos locais de caça e que a matança podia começar. Havia diferentes tipos de gelo na passagem norte, desde lama, até "riachos" de gelo, que eram áreas com pequenos pedaços de gelo flutuante, que chacoalhavam contra o casco numa cacofonia interminável de som. O homem no cesto da gávea estava constantemente à procura de icebergs mais perigosos e maiores, ou o gelo fino da baía, os blocos de gelos redondos ou o grande bloco de gelo infinitamente maior que se estendia em direção ao pólo. Quando a embarcação alcançava o bloco de gelo, ela navegava pela borda, procurando focas, avistando um urso ocasional que poderia ser abatido, e esperando por baleias. O bloco de gelo poderia ser apenas um platô de gelo, estendendo-se para sempre no horizonte invisível, mas também poderia disfarçar inúmeros canais de mar, elevações de gelo, buracos usados pelas focas para respirar, e enormes matilhas de focas.

A verdadeira caça à foca era um negócio feio, mas quando os Homens da Groenlândia tinham matado ou 'capturado' o suficiente, o navio voltava para casa, ou partia para a caça à baleia. Em todos os momentos, havia o risco de ficar preso no gelo. O *Enterprise* experimentou isto, em abril de 1856: "Ao subir ao convés esta manhã, por volta das 8 horas, descobri que estávamos a ficar presos rapidamente entre grandes massas de gelo e incapazes de nos movermos". Mesmo quando o gelo estava ausente, podia haver tempestades, como a de 16 de Abril de 1856, que rebentou a fortaleza do *Enterprise*, ou a combinação de tempestades, nevoeiros e icebergs, que o colocaram em perigo no dia 23 do mesmo mês.

A caça de focas continuava em todas as oportunidades, com tudo o que encontraram vivo sendo susceptível de ser morto, mas ainda havia tempo para a cerimónia do Dia de Mayday[1]. Este feriado parece ter sido peculiar para os foqueiros e os baleeiros, mas era semelhante à cerimônia da Travessia da Linha dos Marinheiros em latitudes mais austrais. Stables relatou que, naquele dia, o *Vulcano* foi decorado com uma guirlanda de fitas. Composta de fitas entregues aos marinheiros por suas esposas e namoradas, a guirlanda tinha a intenção de trazer sorte à viagem. Os trabalhadores desfrutavam de um jantar especial e rum extra.

Neptune, presumivelmente um dos marinheiros mais velhos, chegou à noite, à procura de "algum dos seus rapazes." Com isso, ele quis dizer "Homens Verdes", marinheiros que nunca tinham estado no Ártico antes. Homens que apresentavam ao Neptune uma garrafa de rum eram soltos, mas aqueles que não tinham rum tinham as barbas raspadas e colocados em um grupo alegre, que era seguido por dança e diversão. Este tipo de cerimônia era comum aos navios da Groenlândia, por exemplo, no navio de

Dundee, o *Thomas*, em 1834: "às 8 horas da noite o navio estava quieto, exceto pelo rumor de barbear aqueles que nunca haviam estado no Estreito" e na manhã seguinte "o sino tocava como sinal da aproximação de Neptune com seu camarada". Barron também mencionou a cerimónia, com os "homens verdes" sendo "colocados para se barbearem, com os preguiçosos a fazer a barba com alcatrão de carvão e feito em pó com giz esmagado e resina. Depois do barbear foram cantadas algumas canções".

Às vezes, havia uma celebração mais brutal do dia. No *Enterprise*, na temporada de 1856, a cerimônia foi particularmente desagradável. Neptune e sua esposa chegaram a bordo pouco depois da meia-noite, vestidos principalmente de peles de foca, e fizeram os "homens verdes" passarem por uma variedade de dolorosas e humilhantes provações, incluindo incendiar suas barbas e raspá-las com uma lâmina serrilhada que derramava sangue.

Nos períodos de calmaria, os Homens da Groenlândia se divertiam da maneira que podiam. Christian Watt, de Broadsea, cujo pai, marido e irmão navegaram todos para o Ártico, escreveu que seu pai era "um grande violinista, nas longas horas, cansado na caça às baleias no Ártico, ele tocava nas horas de folga; ele era bom em música de gaita-de-foles no violino".

O sucesso na viagem dependia do número de focas ou baleias que matavam. Uma boa "captura" significava uma viagem lucrativa, enquanto uma temporada pobre significava baixos salários para os homens e um inverno amargo para as suas famílias. Uma má viagem para o navio de Dundee, o *Terra Nova*, em 1896, levou indiretamente ao assassinato de Elizabeth Leggat por seu amargurado marido baleeiro, Richard. Sem pensar na conservação da vida selvagem até muito mais tarde no século, os caçadores matavam sem pensar, acreditando que suas presas nunca iriam acabar. É improvável que eles pudessem prever um dia em que focas ou baleias fossem escassas no norte.

Quando uma baleia era morta e rebocada de volta para o navio, a gordura da baleia era retirada ou esfolada, com os oficiais a ganharem novamente o seu dinheiro extra. Os arpoadores removiam toda a pele e cortavam em gordura em blocos, que o timoneiro reduzia a um tamanho mais manejável, antes de os atirar por uma calha de lona até o gerente de linha no porão. Uma vez no porão, eles eram enfiados em barris. Este último poderia ser um negócio perigoso com a combinação de gases em um espaço confinado.

Era o dever do mestre decidir quando voltar. Se ele achasse que não havia mais focas ou baleias para capturar, que o navio estava cheio ou que o tempo estava ruim demais para continuar, ele voltaria para casa. Em última análise, era do capitão baleeiro que dependia o sucesso ou fracasso da viagem, e significava muito para os comandantes dos navios de Fraserburgh e, em menor escala, de Banff, que os mesmos homens comandassem seus navios por muitos anos.

Com mensagens trocadas com outras embarcações ao longo da viagem, qualquer embarcação que regressava trazia notícias das outras no gelo. Às vezes, a notícia era falsa, como em 1859, quando o baleeiro *Narwhal*, de Dundee, informou ao povo de Fraserburgh que a sua embarcação *Melinka* estava perdida no gelo. A notícia deve ter sido devastadora para as famílias, mas o alívio quando *o Melinka* acabou por aparecer foi igualmente avassalador.

Quando um navio chegava em casa, centenas de pessoas se aglomeravam no porto para testemunhar seu retorno em segurança, e a alegria no cais pode ser imaginada. Provavelmente, o equivalente mais próximo hoje seria o regresso de uma unidade militar de uma guerra. Para os homens casados haveria o deleite da reunificação com suas esposas e famílias, enquanto os solteiros contemplariam gastar seu dinheiro nos pubs e tabernas.

Os proprietários e acionistas dos navios, é claro, eram os verdadeiros vencedores, ao dividirem o lucro entre eles, pois a caça à baleia e à foca era um negócio de riquezas, sendo esse o objetivo final.

CAPÍTULO QUATRO

O COMÉRCIO DE FOCAS

> *Uma luta foi interrompida pela interferência do Mestre, esta tarde. Os valentões eram o nosso segundo imediato e um marinheiro.*
>
> JOHN WANLESS 01 AGO 1834: DIÁRIO DE UMA VIAGEM À BAFFIN BAY, A BORDO DO NAVIO *THOMAS*

Por mais que as embarcações escocesas caçassem no norte desde o início dos anos 1750, a caça às focas era secundária à perseguição das baleias. Isso não quer dizer que a foca não tenha sido importante para as embarcações britânicas do Ártico. O *Hawke* de Londres capturou 250 focas em 1765, o *North Star* de Dunbar 850 em 1783, e o *Duke of York*, de Londres, conseguiu o massivo número de 5.500 em 1774, mas só em 1803 é que o *Hope* de Peterhead se especializou na caça à baleia. Outras embarcações seguiram a liderança do *Hope*, com o *Enterprise* a capturar 760 em 1806 e o *Active*, 2.500 em 1819. Três décadas depois, o Capitão Martin do *Victor*, *de* Peterhead, matou 12.494 e somou 158 *tuns* de óleo durante uma viagem de três meses. Outros portos tomaram nota do sucesso de Peterhead, percebendo que a caça à foca era mais fácil do que a caça à baleia, com menos risco e quase tanto lucro, e os investidores logo clamaram para comprar ações de empresas caçadoras de focas. Tinha nascido a indústria da foca e da baleia em Moray Firth.

Havia muitas semelhanças entre o comércio de focas e de baleias, e frequentemente, uma embarcação estava equipada tanto para a caça à foca como para a caça à baleia, com o mesmo mestre e a mesma tripulação.

Depois de voltarem para casa no verão ou no outono do ano anterior, os navios de caça eram preparados para o inverno, muitas vezes sendo reparados dos danos causados pelo gelo e pelas tempestades do norte. Por volta de meados de janeiro, começavam os trabalhos de montagem para a caça à foca e à baleia, sendo que, geralmente, as embarcações menores só eram montadas para a caça à focas e as maiores para ambas. Após algumas festividades nos portos, as embarcações navegavam por volta de meados de fevereiro. Os navios que navegavam apenas para o cais do Estreito de Davis partiriam cerca de um mês mais tarde.

Neste momento, uma típica viagem para a caça de focas, saindo de qualquer um dos portos de Moray Firth, duraria cerca de três meses, e haveria uma multidão no cais para aplaudir a embarcação de partida e desejar-lhes sorte. A partida era um momento emocionante, com esposas e namoradas muitas vezes em lágrimas enquanto se despediam dos maridos, amantes e filhos, que não veriam durante meses e talvez não vissem de todo. No entanto, eles também sabiam que uma viagem de sucesso significava um inverno mais confortável a vir. Às vezes, as despedidas podiam ser prolongadas, como Matthew Campbell escreveu sobre a partida do navio de Dundee, o *Nova Zembla*, em 1884: "Nós não levantamos âncora até às 12h30, pois a nossa tripulação não estava toda a bordo, estando na sua maioria empenhada em despedir-se das suas famílias e em dar-lhes adeus. Em um caso, isso levou cerca de uma hora".

Os navios foqueiros e baleeiros paravam em Shetland ou

Orkney para apanhar trabalhadores extras. Havia duas razões para este aumento da tripulação. Em primeiro lugar, os marinheiros das ilhas do norte eram habilidosos e frequentemente experientes e, em segundo lugar, eles parecem ter sido pagos menos. O *Banffshire Journal*, de 24 de fevereiro de 1852, diz que "a sua mão-de-obra, embora seja evidentemente barata, é ao mesmo tempo valiosa". Diz-se que os habitantes de Shetland tinham chamado o tempo em que os baleeiros estavam presentes de "o tempo da Groenlândia" e o emprego de muitos homens certamente daria um valioso impulso à economia de Shetland.

Embora os pescadores de focas e baleias fossem conhecidos como Homens da Groenlândia , e os jornais locais dissessem que tinham como destino a Groenlândia, na realidade, era mais provável que caçassem nas costas da Terra de Jan Mayen ou Spitsbergen, ilhas no Mar da Groenlândia, do que na própria ilha da Groenlândia. O navio era abastecido para um período mais longo do que três meses, em caso de atrasos no gelo. Os navios movidos a vela demorariam cerca de um mês a partir de Moray Firth para chegar aos locais de pesca das focas, e depois disso, o abate começava.

Os caçadores sabiam que as focas fêmeas vinham ao gelo para procriar depois de meados de março, por volta de 18 a 25 de março, e lá permaneciam até que as crias fossem desmamadas. Se o gelo não fosse quebrado, os caçadores simplesmente esperavam e matavam as focas à medida que saíam dos buracos para respirar. Não havia nada de esportivo neste procedimento; as focas maiores eram abatidas a tiros, as mais jovens morriam com os ferozes tacos, ou porretes de focas, como eram por vezes conhecidos. Stables menciona o *Vulcan* estando virtualmente deserto, com apenas o mestre, cozinheiro, comissário de bordo e um rapaz deixado a bordo. Todos os outros estavam no gelo, caçando as focas, trabalhando dois a dois, no caso de um homem cair por um buraco ou entre duas massas de gelo flutuantes em águas profundas. Havia o medo, justificado ou não, de ser arrastado para baixo por um tubarão. Enquanto os homens caçavam, o Capitão Stephen, do *Vulcan*, observava-os através de um telescópio a partir do cesto da gávea, e dirigia-os para bandos de focas o melhor que podia. O comissário de bordo mantinha o capitão aquecido com café quente.

Se o gelo fosse quebrado, os caçadores atacavam dos barcos. Eles remavam os barcos nas bordas do gelo com um arpão na proa, disparando contra as focas no gelo. Esta matança podia, por vezes, ser perigosa para os caçadores, pois uma espécie de foca, conhecida como foca-de-crista, era suscetível de contra-atacar. Estes grandes animais podiam puxar três ou quatro homens através do gelo enquanto os caçadores a atacavam com porretes. Eles também podiam atirar um caçador para a água gelada. As focas mais comuns, a foca harpa, eram mais fáceis de matar e raramente lutavam contra. Pelo menos no caso do *Vulcan*, os oficiais transportavam espingardas.

O principal objetivo dos caçadores de focas era a foca harpa, ou foca de sela, assim chamada por causa da larga faixa preta que se estendia da parte de trás do pescoço para baixo de cada lado. As focas jovens, ou filhotes, eram completamente brancas, e não era desconhecido que os caçadores de focas esperassem até que estivessem totalmente amamentadas, e tivessem atingido seu peso, máximo antes de matá-las. As focas-de-crista eram menos apreciadas. Estas focas possuem um tipo de capuz, cujos machos tinham um saco de pele solta no topo da cabeça. Se a foca-de-crista fosse atacada ou de alguma forma irritada, o saco aumentava até cerca do tamanho de uma bola de futebol. Ao contrário das focas de sela, os machos foca-de-crista lutavam para defender a sua companheira, seja por devoção, seja por pura combatividade.

Numa boa época, os caçadores podiam deparar-se com uma matilha de focas que poderia ter seis quilômetros e meio de largura, e esticar-se até onde os olhos pudessem ver. Não era incomum que duas ou mais embarcações estivessem pescando a mesma matilha de focas, mas que estivessem fora da vista uma da outra. Dados tais números, não é surpreendente que não parecesse haver limite para o possível sucesso dos caçadores de foca; eles não podiam imaginar tal recompensa jamais terminando, ou seu constante abate corroendo o número de focas a tal ponto que elas se tornaram uma espécie ameaçada de extinção. A mente vitoriana parece ter sido incapaz de tal processo de pensamento.

Os caçadores iam, principalmente, atrás das focas jovens, nascidas em março ou abril, e presas fáceis para os homens com porretes. Segundo o *Banffshire Journal*, de 24 de fevereiro de 1852, os filhotes de foca "ficavam muito gordos durante o período de amamentação" e eram então "abandonados pela mãe e deixados para se deslocarem". Como as focas jovens são relutantes em entrar na água e capturar peixes, elas permaneceram no gelo, perdendo gradualmente peso, até que a fome as levasse a nadar. Para os caçadores de focas, então, a melhor época para matar as focas jovens era exatamente quando a mãe as deixava, por volta do dia 8 de abril, eles acreditavam, e até por volta do dia 15. Por isso, as embarcações foqueiras vigiavam a sangue frio e esperavam até que a foca mãe tivesse desmamado o filhote antes de desembarcarem no gelo para caçar. Depois do dia 15, os filhotes ficariam mais magros e perderiam o seu valor.

Não havia misericórdia e não havia sentimento, apenas abate motivado pelo lucro. Os vitorianos se encantavam em caçar por si mesmos, com "sacos de caça" para registrar o número de animais, aves ou peixes, que foram perseguidos e exterminados na busca do prazer, por exemplo, como Trotter registrou, em 11 de junho de 1856: "Eu matei um pássaro quase todo branco com pernas pretas chamado de ave das neves pelos marinheiros... é realmente uma bela criatura".

Com uma atitude que via animais de pelúcia usados como ornamentos em salas de estar por todo o país, não se pensava em escrúpulos durante o abate de focas. Era um negócio, nada mais. Trotter descreve o assassinato da primeira foca: "Um dos homens atirando nela do barco e depois outro, correndo para o bloco de gelo e atingindo-a na cabeça com um porrete de focas. Fiquei surpreendido com a imensa quantidade de sangue".

Os caçadores de focas pareciam ter ficado surpresos quando as focas machos tentavam contra-atacar, mas não tinham escrúpulos em usar espingarda ou um porrete num abate sangrento. Em comum com outros navios de focas, o *Félix* de Banff, tinha um grande número dessas coisas, descritas pelo *Banffshire Journal*, de 24 de fevereiro de 1852, como "armas de aparência feia bastante calculadas para acabar com a vida de qualquer foca que possa ser tola o suficiente para se levantar em defesa do seu coração". Uma reportagem de dezembro de 1858, no mesmo jornal, dizia que os porretes eram "não muito diferentes do antigo machado de batalha". No dia 26 de Março de 1856, Trotter descreve um como " mais uma picareta do que um porrete. Consiste em um longo eixo de madeira e uma cabeça de ferro com uma ponta afiada e, certamente, parece ser bem adequado para o trabalho que tem que realizar".

Os filhotes jovens eram do tamanho de um cachorro collie, ou ainda menores, e sentavam-se no gelo sem tentarem escapar até ficarem inconscientes ou mortos. Stables descreve uma caçada com detalhes doentios: "um golpe da ponta afiada do porrete, e o filhote está a soluçar no seu sangue. A esfola ocorre imediatamente, e muitas vezes, pedaços da carne escura e trêmula... muitas vezes o bebê fica apenas parcialmente atordoado, e quando esfolado pode ser visto a rolar em agonia sobre a neve". Alguns marinheiros de Fraserburgh atiravam focas vivas, mas parcialmente esfoladas, ao mar para ver se nadavam, ou pisoteavam um filhote, de modo que os seus gritos atraíssem a mãe, que era alvejada. Os ursos polares muitas vezes observavam, mas não interferiam.

Quando as focas acabavam por sair do gelo e iam para a água, os caçadores acreditavam que as focas velhas se dirigiam para norte e as focas jovens para sul. Após este primeiro período de caça, os navios de focas normalmente também se dirigiam para norte, na esteira das focas maiores e mais velhas, que eram mais difíceis de matar, mas que produziam uma quantidade correspondentemente maior de gordura e, portanto, lucro. Abril ou maio eram os meses preferidos para esta fase da caça.

Se os caçadores tivessem sucesso na captura das focas velhas no início da temporada, eles achavam que era preciso gordura de quarenta focas para fazer um *tun* de óleo, mas se elas fossem capturadas mais tarde na estação, quando tinham perdido peso, seriam necessários até setenta para um *tun*. Das focas jovens eram necessárias, em média, entre 90 ou 100 para um *tun*. Quando a época de caça às focas estava no seu auge, um navio de sucesso podia matar até 600 focas maduras e 2.000 focas jovens. Para se ter uma ideia da extensão do abate, havia trinta e três embarcações que partiam apenas da Escócia em 1853. Se cada navio pegasse apenas metade do número de focas necessárias para uma temporada de sucesso, seria um total de 42.900 focas mortas, apenas por navios escoceses. Se fossem adicionadas embarcações não-escocesas, inglesas, holandesas e alemãs, o total anual seria assustador.

Se os caçadores tivessem que viajar para longe do navio-mãe, as focas capturadas ainda teriam que ser arrastadas a bordo, usando o que era frequentemente referido como um "reboque inferior", uma corda de dois centímetros e meio de espessura, e de comprimento de três metros, e depois do abate vinha o esfolamento. A pele e a gordura eram arrancadas. A gordura nas focas jovens tinha entre cinco e oito centímetros de espessura, enquanto nas focas velhas tinha cerca de dez centímetros. Referindo-se ao Capitão Hay do navio de Banff, o *Felix*, como fonte, o *Banffshire Journal*, de 24 de fevereiro de 1852, afirma que, depois de serem removidas da pele e da gordura, algumas das focas velhas eram colocadas de volta na água e "são conhecidas por nadarem por alguma distância". Como Stables também menciona esta prática, isto pode ter sido comum. A crueldade impensada de esfolar um animal vivo, e ainda colocá-lo de volta na água gelada e salgada imediatamente a seguir, não era mencionada.

Os caçadores geralmente tiravam a pele e a gordura juntos, e arrastavam ambos para o navio. Isto poderia ser um trabalho duro se os homens tivessem viajado para longe, pois um homem, medianamente forte, só poderia arrastar a pele de uma foca velha ou de três focas jovens, em uma viagem. Se o local da caça estivesse a nove ou onze quilômetros de distância através do gelo do navio, então, os Homens da Groenlândia tinham um longo dia de trabalho para arrastar todas as suas capturas para serem armazenadas. Normalmente, as peles eram embaladas *in situ* e depois arrastadas sobre o gelo. Dada a distância e o trabalho necessário, em condições sempre amargas e por vezes nebulosas, este era um trabalho lento e laborioso.

Os caçadores de focas tinham de ser rápidos. Se encontrassem uma matilha de focas, teriam de atacar imediatamente, para o caso de toda a presa fugir. Não era incomum que as focas fossem mortas, apenas para que o gelo se partisse e toda a captura caísse no mar e se perdesse.

Uma vez a bordo, a pele e a gordura eram separadas num processo conhecido como esfolamento. O Homem da Groenlândia colocava a pele sobre uma tábua inclinada, uma tábua de esfolamento, e usava uma faca afiada para cortar a gordura da pele. A experiência e precisão eram valiosas aqui, pois as peles seriam vendidas mais tarde e, se fossem cortadas ou mutiladas, iriam render menos dinheiro. As peles eram então armazenadas no porão.

A gordura era normalmente embalada em barris no barco foqueiro, para depois ser fervida até virar o valioso óleo. Mais tarde, as embarcações tinham um tanque construído para o mesmo fim. Se o estoque de barris se esgotasse, o que poderia acontecer numa viagem de sucesso, a gordura seria mantida solta no porão. O óleo de foca poderia ser vendido por entre 25 e 35 libras por *tun*, e, tal como o óleo de baleia, era usado para iluminação ou lubrificação. Numa venda de óleo de baleia e de foca em Peterhead, em outubro de 1853, comerciantes de Newcastle, Leith, Aberdeen e Dundee pagavam 36 libras por *tun* de óleo de baleia e 33 libras e 10 xelins por óleo de foca, com toda a carga dos navios a ser comprada dentro de uma hora. Dada a viagem muito mais perigosa e longa necessária para caçar baleias, do que focas, a ligeira diferença de preço encorajava a pesca da foca; os investidores estariam mais propensos a colocar o seu dinheiro no comércio mais seguro.

Assim como o óleo, as peles de foca também podiam ser vendidas. A pele da foca era normalmente bronzeada e usada para fazer sapatos, ou vestida e usada como cobertura exótica para baús ou artigos similares. Mesmo em tempos relativamente modernos, havia um mercado para pequenos ornamentos de focas bebês, feitos de pele de foca verdadeira.

As embarcações que esperavam também experimentar a caça às baleias dos mares da Groenlândia deixavam as zonas de caça às focas por volta de 10 de maio, mas para aqueles que esperavam uma viagem mais longa e uma pesca mais rica no Estreito de Davis, a data preferida era o dia 1º de Maio. As embarcações que estavam equipadas apenas para a caça de focas, ou que tiveram a sorte de ter enchido os seus porões, regressavam à Escócia quando a época de caça de focas se aproximava do fim.

CAPÍTULO CINCO

A INDÚSTRIA DA CAÇA ÀS FOCAS EM NAIRN E BANFF

 *Durante algum tempo as gaivotas e os mandriões fizeram-nos companhia, mas finalmente despediram-se.*

GORDON STABLES; 1859

Embora os portos de Moray Firth estejam espalhados por uma grande área geográfica, apenas os da costa sul ou norte foram tentados a entrar no comércio de focas e baleias. Nairn, Banff e Fraserburgh entraram no comércio de focas quase simultaneamente, mas com fortunas muito diferentes. Enquanto a tentativa de Nairn foi tão breve quanto um beijo de verão, Banff teve um curto, intenso e brilhante flerte com o Ártico. Fraserburgh, no entanto, construiu uma frota respeitável, mas diminuiu para uma relação confortável e manejável com o norte, que durou quase duas décadas.

Assim como estes três portos, outros lugares ao longo da costa norte de Moray Firth tiveram um breve olhar sobre a indústria da caça às focas. Em 1852, havia esperanças de uma empresa foqueira em Macduff, e também em Inverness. Embora a proposta de Macduff nunca tenha passado da fase de discussão, um grupo de comerciantes de Inverness e Garmouth

47

comprou o *Ranger*, de 142 toneladas, que foi construído em 1836 e navegou como navio foqueiro de sucesso, a partir de Peterhead. A companhia de Alexander Young and Company, em Garmouth, tinha construído o *Ranger*, o que aumentou a ligação de Moray Firth.

Hugh Mann, de Nairn, também foi tentado pelas oportunidades no norte. Hugh Mann era um dono de navios, casado, de 34 anos, filho de James Mann, um fazendeiro de Meadowfield, em Auldearn. O seu irmão mais novo, John, era o chefe do porto local. Mann equipou o *Lady Campbell*, de 5 anos, 98 toneladas, para a pesca da foca. Colocou o Capitão Cameron no comando e o lotou com uma tripulação, que incluía alguns marinheiros experientes do Ártico. Infelizmente, ele mal havia partido quando, em vez disso, foi para Aberdeen para reparos, mas partiu novamente tarde demais para a temporada e em vez disso navegou para Riga, no Báltico.

Em fevereiro de 1854 ele tentou novamente, mas navegou de Aberdeen direto para as garras de um vendaval do noroeste. O tempo provou ser demais para ele e a infeliz *Lady Campbell* mal tinha feito a curva em Kinnaird Head quando teve que aportar em Fraserburgh para reparos adicionais. Ele navegou novamente e chegou a Lerwick, no dia 16 de março, vazando água e com uma tripulação infeliz, que se recusou a navegar mais para o norte. Depois de gastar mais de 800 libras no *Lady Campbell*, os proprietários venderam-no em um leilão em Saddle Inn, Sunderland. Esse foi o fim da experiência abortiva de Nairn com o comércio de focas, deixando apenas Banff e Fraserburgh para levar a bandeira de Moray Firth para o norte.

Hoje é difícil imaginar Banff como um porto comercial europeu. O porto é pequeno e, com um mau tempo, mares pesados batem contra a costa rochosa a oeste, enquanto a ressaca atinge a praia que separa a cidade da sua vizinha imediata, MacDuff. No entanto, os navios baleeiros de meados do século XIX, não eram enormes, e as melhorias tinham criado o que era, então, um porto bastante confortável.

Fundada como um porto no lado oeste do rio Deveron, Banff tem uma longa associação com o mar. Favorecida, ou não, com uma visita do Rei Malcolm IV em 1163, a cidade nunca se transformou num grande centro comercial, mas também não foi negligenciável, negociando com a Liga Hanseática, na Idade Média, e tendo o Rei Robert I elevando-a ao estatuto de Burgo Real em 1324. O Rio Deveron estava sujeito a assoreamento, portanto, apesar do trabalho em 1625, quando a área de Guthrie's Haven, agora a bacia interior, foi desobstruída de rochas, foram necessárias mais melhorias.

Em 1770, John Smeaton, que estava ocupado em toda a Escócia naquela época, foi encarregado de criar um porto mais moderno. Em 1818, o ainda mais famoso Thomas Telford foi responsável pelo Lighthouse Quay, que deu a Banff o seu porto exterior. Infelizmente, como a maioria dos portos ao longo da costa leste da Escócia, a entrada dependia do estado da maré, portanto, os navios tinham que esperar na baía até que as condições fossem adequadas.

O primeiro flerte da Banff com o comércio baleeiro foi em 1813, quando, segundo o Segundo Registro Estatístico, "foi formada uma empresa de pesca de baleias da Groenlândia e duas embarcações se equiparam". Em 1814, o *Earl of Fife*, de Banff, comandado pelo Capitão Wilson, apanhou 17 baleias, com 135 *tuns* de óleo, e no ano seguinte apanhou 5 baleias com 38 *tuns* de óleo. Naquele ano ele ficou preso no gelo do Ártico, junto com um grande grupo de outros navios baleeiros. O gelo fechou à sua volta no dia 19 de maio e, no dia seguinte, o vigia da gávea não deu sinais de água clara. Ele permaneceu preso até 21 de junho, quando a maioria dos navios lutou para se libertar. Durante estas semanas, o *Earl of Fife* passou da latitude 78 graus para a latitude 76. Ele navegou para a baía de Banff a 17 de agosto, emitindo um sinal "Todos bem - cinco peixes".

No ano seguinte, o *Earl of Fife* foi perdido. Ele foi levado para fora do porto na manhã de 12 de abril de 1816, a caminho da zona baleeira. Naquela hora o clima estava ameno, mas assim que atingiu o mar aberto, o vento mudou e se fortaleceu. Após cerca de uma hora, ficou óbvio que o *Earl of Fife* não podia avançar e, como não era seguro voltar ao porto, o capitão ordenou-lhe que viesse a ancorar. No entanto, por volta das quatro horas da tarde seguinte, os cabos da âncora se romperam e ele foi levado para uma barreira. Embora a tripulação tenha se salvado, o navio naufragou.

Na maioria das circunstâncias, os proprietários de um navio fariam uma solicitação à sua companhia de seguros, pegariam no valor e continuariam o negócio, mas, neste caso, as seguradoras revelaram-se difíceis. John Smith e os outros donos do *Earl of Fife* tinham-na segurado com três companhias separadas. Um terço do seu valor estava segurado com a Lloyds, de Londres, um terço com a Goodard, de Leith, e um terço com a Fraser, de Aberdeen. Enquanto a Lloyds pagou imediatamente, as duas companhias escocesas se mostraram intratáveis e os proprietários do navio as levaram ao Tribunal Superior do Almirantado. Os subscritores primeiro afirmaram que os proprietários nunca deveriam ter abandonado a embarcação, e depois, disseram que a embarcação estava mal equipada para o Ártico, e que tinha ido para a baía para aguardar provisões e essa foi a causa da sua destruição.

O caso chegou ao tribunal em 2 de março de 1818, com Henry Cockburn atuando para os subscritores e Francis Jeffrey para os proprietários. O tribunal decidiu que o *Earl of Fife* estava totalmente equipado, então os proprietários ganharam o caso.

O segundo navio de Banff foi o *Triad*, sob o comando do Capitão Slater. Ele pareceu ter uma carreira um pouco mais longa, capturando 13 baleias em 1813, com 120 *tuns* de óleo, 6 baleias em 1815 com 59 *tuns* de óleo e 2 baleias já em 1818, com 16 *tuns* de óleo.

De acordo com o Registro Estatístico, a empresa perdeu muito dinheiro do seu empreendimento para a caça à baleia, mas, no início da década de 1850, Banff tinha recuperado a sua confiança e estava pronta para tentar novamente a pesca no norte. Presumivelmente encorajada pelo sucesso de Peterhead no comércio de focas, uma empresa de caça de focas foi formada em Banff, no outono de 1851, com Thomas Adam como um dos principais membros. De acordo com o Censo de 1851, havia um Thomas Adam, agente bancário, em Banff, então, este era provavelmente o mesmo homem. Adam era um homem local, nascido em Banff, em 1806, e casado com Maria, com quem teve nove filhos. Ele viveu com algum estilo no número 48, High Street, não muito longe do atual Banco Real da Escócia. Seus dois criados provavam que ele tinha meios adequados, mas mais uma vez, era um jogador principal no ramo da caça às focas sem experiência de marinheiro.

Procurando por uma embarcação adequada, a empresa localizou e comprou o *Felix*. Com 91 toneladas, o *Felix* era forte e prático, e tinha uma história de trabalho em condições tão extremas como as que encontraria na caça de focas. Originalmente construída por Sloan e Gemmell, em Ayr, para transportar ferro entre Ardrossan, em Ayrshire, e Liverpool, o Almirante John Ross tinha-o visto enquanto procurava um navio para levá-lo ao Ártico, para procurar o explorador desaparecido Sir John Franklin, e comprou-o imediatamente. Chamado *Felix*, em homenagem ao Sir Felix Booth, um magnata da destilação inglês que ajudou a financiar a expedição de Ross, o navio sobreviveu aos rigores da expedição de Ross, e assim, a *Banff Sealing Company* comprou-a num leilão no Kings Arms Hotel, Ayr, no final de 1851. No ano seguinte, ele foi a menor embarcação a entrar no negócio de caça de focas até hoje.

Esta nova aventura despertou grande interesse em Banff, por isso, quando o *Félix* deixou o porto em meados de fevereiro de 1852, uma grande multidão se reuniu para vê-lo velejar. Alguns estavam simplesmente curiosos, mas outros tinham amigos e familiares a bordo, e ficaram naturalmente apreensivos quando eles navegaram para o norte pela primeira vez. Segundo o *Banffshire Journal*, de 24 de fevereiro de 1852, quando *Félix* "virou sua proa para o norte, ele foi saudado com uma forte explosão de aplausos".

Tais cenas eram comuns quando as embarcações baleeiras e foqueiras partiam para o norte, com cada cidade tendo a sua própria cerimônia. As preocupações eram profundas, mesmo em uma comunidade acostumada aos perigos da navegação.

A *Banff Sealing Company* tinha tomado todas as precauções possíveis para preparar o *Felix* para a viagem. O Capitão Hay era um experiente marinheiro ártico, que tinha navegado em expedições anteriores de caça às baleias e às focas, e quatro dos oito marinheiros que eles tinham também eram experientes baleeiros. *Félix* completaria o resto da sua tripulação contratando outros catorze homens em Lerwick, alguns dos quais, sendo shetlanders, poderiam também ter experiência na pesca de focas ou baleias.

Embora o próprio *Felix* fosse uma embarcação fortemente construída, a empresa o reformou e reforçou ainda mais, acrescentou quatro barcos feitos pelo construtor de barcos local, o Sr. Watson, e planejou acrescentar mais um barco em Lerwick. Eles encheram-no com provisões, com cerca de 2 toneladas de carne bovina salgada, entre as três toneladas de carne para a tripulação. Ele também carregou a carcaça de um boi pendurado no alto, para garantir carne fresca, o que deve ter dado ao *Felix* uma aparência bizarra quando ele deixou o porto. Este método de carregar carne não parece ter sido incomum entre os caçadores de foca de Moray Firth, pois em maio de 1856, Trotter mencionou o *Enterprise* com "carne fresca pendurada pelas pernas sobre o cordame". O *Félix* também tinha pão e farinha entre as provisões para seis meses, então, mesmo que ele tivesse a infelicidade de ficar preso no meio do gelo, a tripulação seria capaz de comer.

Quando deixou a Groenlândia, *Félix* deveria chegar aos locais de pesca de focas em meados de março e voltar para Banff no final de maio. Ele carregava barris capazes de segurar 25 *tuns* de óleo da gordura de foca, e espaço no seu porão para outros 55 *tuns*, o que lhe daria uma capacidade de 80 *tuns*. Embora fosse destinado principalmente à caça de focas, ele também carregava arpões e lanças para a caça de baleias. Como o *Jornal Banffshire* se gabava, "pelo menos quatro de sua tripulação são excelentes arpoadores".

Era prática comum para qualquer navio que voltasse da pesca da foca ou da baleia levar notícias do resto, pois, numa época em que não havia rádio, telégrafo ou qualquer outra forma de comunicação instantânea, as longas ausências eram uma provação para os que ficavam para trás. Com a caça à baleia e à foca sendo uma ocupação tão perigosa, seria difícil não pensar na possibilidade de navios naufragados e pequenas embarcações perdidas no gelo. Foi o Capitão John Stephen, do foqueiro de Fraserburgh, o *Melinka*, que levou a primeira notícia sobre *Félix* quando o *Melinka* chegou em casa, no dia 13 de maio, e embora ele só tenha dito que o navio tinha sido "visto entre as focas", mesmo essas notícias escassas teriam assegurado às esposas e mães que seus homens ainda estavam vivos e ganhando dinheiro.

O Capitão Stephen também relatou que "o tempo estava mais agitado do que em muitos anos anteriores", o que contrastava com a primavera amena na Escócia. Como lembrança dos perigos do ofício, Stephen mencionou a perda do navio foqueiro de Peterhead, o *Joseph Green*, de 353 toneladas, que havia sido perfurado pelo gelo no dia 20 de março, e afundou com a perda do Capitão Stewart e de três tripulantes. Tal notícia só deixaria as esposas de Banff mais ansiosas pelo regresso dos seus homens.

Aquela primeira viagem de um navio Banff continuou a criar um interesse considerável na cidade, a julgar pela quantidade de colunas dedicadas sobre o assunto no *Banffshire Journal*. O *Félix* chegou a Banff no final de maio, e além de ter uma viagem de sucesso na perseguição de focas, ele também trouxe de volta a pele e a cabeça de um urso polar.

A caça ao urso era uma perseguição comum pelos Homens de Groenlândia, e a maioria dos diários tem, pelo menos, uma menção do avistamento de um urso. Quando o pai de Christian Watt navegou no *Brilliant,* ele atirou num urso polar e deu a pele para Lady Saltoun, a mãe idosa do proprietário da terra, com sede em Londres. O povo local a conhecia como a 'Velha Ness Madgie', mas era significativo que um baleeiro local pensasse o suficiente nela para lhe apresentar uma homenagem do Ártico.

A atitude dos vitorianos para com os proprietários de terras, e a vida selvagem, contrasta vivamente com o que hoje é considerado normal, e os jornais glorificavam os aspectos da caça que atualmente seriam considerados terríveis. Os ursos eram considerados uma caça justa para os caçadores, com Trotter mencionando, em 3 de junho de 1856: "hoje temos 2 ursos. Eles foram abatidos nadando na água. Um era jovem e o outro era velho" e uma semana depois: "um urso foi observado e quatro ou cinco dos nossos homens com armas carregadas foram ao seu encontro".

Os homens a bordo de outras embarcações eram também ávidos caçadores. Em 1874, Thomas Macklin, a bordo do baleeiro de Dundee, o *Narwhal,* escreveu: "Nesta manhã, antes do café da manhã, saí com o segundo imediato, atirando em ursos. Atiramos em três... estivemos fora do navio por apenas quarenta minutos". Dizia-se que em Peterhead, que o mestre do navio podia reclamar a pele de qualquer urso polar morto.

O *Banffshire Journal* dava relatórios detalhados sobre a caça ao urso no *Félix.* Parece que quando o urso foi visto pela primeira vez, os marinheiros ainda estavam caçando focas, então, "um ataque ao Mestre Bruin foi adiado para um período posterior". Algumas horas depois, o imediato e dois dos tripulantes se armaram com mosquetes e lanças e partiram para caçar o urso, puramente pelo esporte.

Depois de caminhar cerca de cinco quilômetros através do gelo, eles se aproximaram "do monstro, que tinha o tamanho de um veado de Aberdeenshire comum de três anos", o imediato tentou atirar, mas o mosquete não funcionou e, em vez disso, o urso atacou-os e o imediato teve que correr. Colocando uma segunda espoleta de percussão em seu mosquete, ele tentou atirar novamente, atingindo o urso na cabeça. Ferido, mas ainda vivo, o urso saltou para o mar, mas havia gelo suficiente por perto para que os marinheiros o seguissem, disparando sempre que tinham oportunidade.

Com o gelo quebrado, a perseguição era quase tão perigosa para os caçadores de foca quanto para o urso, e eles tinham que pular sobre abismos, ou mesmo usar um pequeno iceberg como uma jangada, para atravessar um trecho de água aberta. Após mais quase cinco quilômetros, eles acabaram se aproximando o suficiente para um dos caçadores enfiar sua lança na cabeça do urso. A lança se partiu e a presa escapou novamente, com a ponta de ferro da lança saindo do crânio. No entanto, o urso estava agora cansado e enfraquecido pela perda de sangue. Tentando, mas não conseguindo voltar ao gelo, começou a "nadar mais devagar". Com medo de que o urso pudesse morrer e afundar na água, o imediato correu para o animal e, se esticando pelo gelo, agarrou suas orelhas. O urso abriu as mandíbulas e bramiu, e o imediato empurrou um mosquete pela garganta do urso e disparou, matando o animal, e, segundo o *Banffshire Journal*, de 25 de maio de 1852: "o monstro foi arrastado para o navio".

Tais aventuras parecem ter sido como carne e bebida para os homens que navegavam nos navios foqueiros. Mesmo que não concordemos com as suas atitudes, não pode haver dúvidas quanto ao seu espírito ou coragem. Poucas pessoas se aproximariam de bom grado de um urso polar ferido, muito menos o agarrariam pelas orelhas.

Com essa primeira temporada de caça às focas considerada um sucesso, a Banff Seal and Whale Fishing Company contemplava o envio de uma segunda embarcação no ano seguinte. Houve também especulações de que uma segunda empresa poderia ser formada, além de conversas sobre uma empresa de caça de focas também na vizinha MacDuff. Parecia que os portos de Moray Firth estavam prestes a saltar para a caça de focas em grande escala.

No entanto, não se pode ter certeza de nada ao lidar com o mar, e na noite de 19 de setembro de 1852, o *Félix* ficou encalhado logo após sair do porto de Banff. O que poderia facilmente ter sido um desastre foi evitado quando um grupo de voluntários se apressou a resgatá-lo. Ajudar pessoas com problemas no mar parece ter vindo naturalmente nesse período, mas Thomas Adam, em nome do proprietário, agradeceu-lhes publicamente e pagou a várias pessoas que tinham dado livremente os seus músculos.

Com barris amarrados ao lado para mantê-lo flutuando, o *Félix* foi trazido para o porto interno para ser inspecionado à procura de danos. É bem possível que os proprietários acreditassem que seu empreendimento de caça de focas já havia terminado, mas uma inspeção minuciosa constatou que o *Félix* estava tão robusto quanto eles esperavam originalmente. Houve danos nos seus baluartes e "quilha falsa", grande parte do cobre foi raspado, e o aplainamento do casco foi danificado, mas não muito.

A bainha de cobre estava lá para proteção contra o verme teredo, ou cupim-do-mar, um molusco bivalve, geralmente conhecido como verme de navio, que pode crescer até cerca de um metro de comprimento e furar buracos nos cascos das embarcações de madeira. O casco *do Félix* era muito mais forte do que a maioria das embarcações, com uma segunda, ou "dupla", camada de tábuas no lugar, e algumas embarcações tinham frequentemente uma "tripla" ou terceira camada na proa, a parte da embarcação que fazia o contato inicial e constante com o gelo. Mesmo com este reforço, vigas internas e placas de gelo, o número de embarcações perdidas na caça às focas e às baleias era assustador, o que torna irônico que o *Félix* tenha sido danificado logo ao sair de seu próprio porto.

Quando a maré estava adequada, o *Félix* foi levado ao escorregão para ser devidamente examinado e reparado, para ficar pronto para a caça às focas do ano seguinte. A empresa ainda não estava pronta para renunciar aos seus sonhos de lucro do norte.

Mais encorajada pelo sucesso de *Félix* na caça de focas do que desencorajada por sua desventura fora do porto, a *Banff Seal and Whale Fishing Company* investiu em um segundo navio quando comprou o *Alexander Harvey*, uma barca de 292 toneladas que deveria ter uma carreira distinta. Durante os meses de inverno, a empresa o preparou para a próxima temporada, dobrando as pranchas e tornando-as adequadas para a indústria.

Ambos os navios navegaram de Banff no último domingo de fevereiro de 1853. Após sua temporada de sucesso com o *Félix*, o Capitão Hay foi transferido para o grande *Alexander Harvey*, que estava equipado tanto para a caça à foca como para a caça à baleia. Reparado e pronto para uma segunda temporada, *Félix* navegou sob um Capitão Fraser, destinado apenas à caça de focas. O *Alexander Harvey* foi um grande investimento para Banff, uma das maiores embarcações a navegar a partir do porto. Como exemplo, o maior dos catorze navios no porto de Banff, em 15 de fevereiro de 1853, era o *Empress* com 359 toneladas, seguido pelo *Alexander Harvey*, depois pelo *Minerva* com 284 toneladas, enquanto o menor era o *Chance* de 29 toneladas. Por vezes, é humilhante perceber quão pequenos eram os navios em que os marinheiros utilizavam para o comércio da Grã-Bretanha há menos de dois séculos.

Embora as possibilidades de lucro fossem atraentes, a *Banff Seal and Whale Fishing Company* estava investindo uma boa parcela de capital em seu empreendimento. Assim como o preço da compra inicial, havia o custo do duplo aplainamento em um navio do tamanho do *Alexander Harvey*. Havia também a despesa de trazer equipamento de pesca de baleia e de focas, de abastecer o navio para uma viagem de duração incerta e de pagar à tripulação. Na verdade, a empresa gastou 6.000 libras apenas para comprar e equipar as suas duas embarcações, com o *Alexander Harvey* a custar o dobro do preço do *Félix*, que era menor. Grande parte das despesas era gasta em salários, pois estes navios baleeiros e foqueiros tinham tripulações maiores do que outros de tamanho semelhante. O *Félix*, com apenas 91 toneladas, transportava 24 homens, e o *Alexander Harvey* o mesmo número, mas acrescentava outros 24 em Shetland. A tripulação teria sido amontoada em seus aposentos, aumentando o desconforto do que já teria sido uma viagem desconfortável.

O custo dos alimentos também era considerável, com um navio do tamanho do *Alexander Harvey* carregando provisões no valor de cerca de 800 libras, enquanto o *Félix* carregava metade desse valor. Os agricultores locais certamente lucravam com as grandes quantidades de carne de açougueiro transportadas pelos navios do Ártico e, sem dúvida, os comerciantes da Banff esfregavam as mãos de alegria com a perspectiva de abastecer a empresa. A caça de focas podia render bastante dinheiro, mas o lucro beneficiava mais pessoas do que apenas os acionistas da empresa.

O *Félix* chegou antes do final de maio com 11.600 focas e cerca de 14 *tuns* de óleo, enquanto o *Alexander Harvey* deixou os locais de focas para caçar baleias. Ele voltou no final de agosto, com enormes multidões se reunindo no cais para alegrar sua casa. Contudo, a sua aventura na caça à baleia não tinha tido sucesso e, apesar de ter trazido para casa 1.700 peles de focas e 20 *tuns* de óleo de foca, esta não era uma grande quantidade. Provavelmente mais importante para as esposas e mães reunidas, a tripulação voltou intacta e saudável. Não lhe foi permitido ficar muito tempo no porto, no entanto, e uma semana depois estava pronto para uma viagem ao Báltico, possivelmente com uma carga de arenque. A indústria de caça de focas contribuiu substancialmente para o comércio global do porto de Banff durante 1853.

No comércio costeiro, a própria Banff tinha um total de 308 navios, com 18.443 toneladas entrando, com 228 navios num total de 11.678 toneladas saindo. Dos 21 navios britânicos que entraram no porto em 1853, dois eram da Groenlândia, com 383 toneladas, de um peso total de 2.144 toneladas. Havia também 43 navios estrangeiros, com um peso total de 2.408 toneladas. Com destino aos portos estrangeiros havia 21 navios britânicos, sendo dois navios da Groenlândia responsáveis por 383 toneladas, de um total de 1.256, e 53 navios estrangeiros com 4.245 toneladas. Banff tinha boas razões para se sentir orgulhosa do seu crescimento, já que a tonelagem de navios estava no seu auge, com 13.009 toneladas para os 145 navios pertencentes ao porto. O transporte marítimo havia dobrado em dez anos, e a tendência parecia inclinada a continuar. As receitas aduaneiras aumentaram em proporção, com um aumento de 30% só nos anos de 1853 a 1854. Com tais números, e um fornecimento aparentemente interminável de matéria-prima esperando no gelo ártico, os proprietários e acionistas da *Banff Sealing and Whaling Company* tinham todos os motivos para encarar o futuro com otimismo.

Não foi surpreendente que os movimentos dos navios foqueiros fossem vistos com considerável interesse pelos habitantes da cidade. Na maioria dos centros baleeiros, era habitual que os marinheiros da frota celebrassem antes da partida. Em Peterhead esta festa de pré-viagem era conhecida como um "foy", mas em Banff eles tinham um método ligeiramente diferente, e aparentemente mais formal, de se despedirem. Antes da partida do *Alexander Harvey* para a temporada de 1854, houve um jantar de despedida e um baile em St. John's Lodge, Seatown. Muita reflexão e muita preparação tinham sido colocadas no evento, com bandeiras de navio decorando o salão e o Sr. Stewart do Market Inn preparando a refeição.

Com o evento começando às oito da noite, mais de sessenta pessoas participaram, principalmente os marinheiros dos navios da Groenlândia, mas também os grandes e bons de Banff, com o Capitão McDonald atuando como presidente e o Capitão Fraser, do *Alexander Harvey*, como o crupiê. Como era normal para qualquer evento vitoriano respeitável, o Capitão McDonald disse uma prece primeiro, e depois disse à companhia reunida, e possivelmente desapontada, que não haveria bebida depois do jantar. Antes da refeição, porém, foram feitos vários brindes para várias pessoas, incluindo o Conde de Fife, um grande senhorio da área, e o que o Jornal chamou de "os Proprietários Empreendedores dos Navios Baleia e o Capitão do *Harvey* e sua Jovem Tripulação".

O termo juventude é interessante, significando, talvez, uma falta de experiência entre os marinheiros, ou uma esperança de aventura em vez de uma ocupação constante por parte de veteranos Homens da Groenlândia. A dança começou depois das nove horas, e durou dez horas ininterruptas, o que diz muito sobre a resistência da tripulação jovem, mais sobre a resistência dos mais velhos e muito sobre o entusiasmo de um baile onde não havia álcool. De forma muito vitoriana, o Capitão McDonald elogiou o comportamento dos marinheiros durante a noite e aconselhou-os a poupar o seu salário para a velhice, colocando qualquer dinheiro de reserva num banco de poupança. Os marinheiros o aplaudiram quando ele partiu, tendo passado a noite em hilaridade sóbria. Era hora de voltar para o norte com otimismo e espírito em alta, e com a esperança de uma grande quantidade de focas. Tudo o que era necessário era um clima favorável e boa sorte.

Depois de serem atrasados por um forte vendaval do norte, os dois navios de Banff acabaram por partir para o norte, com o *Félix* lutando para sair do porto no dia 22 e o *Alexander Harvey* alguns dias depois. O mar os iniciou para a nova temporada com um violento vendaval do noroeste, que levantou enormes ondas enquanto o *Félix* se dirigia primeiro para Stromness, em Orkney, onde pegou mais quinze marinheiros. Orkney e Shetland sempre foram um reservatório de marinheiros de boa qualidade para os navios foqueiros e baleeiros, e embora existam histórias de alguma animosidade entre os homens das ilhas do norte e os dos portos continentais, no geral os dois parecem ter trabalhado suficientemente bem juntos.

Uma vez que haviam completado sua tripulação nas ilhas do norte, os navios Banff rumaram para o norte, esperando continuar os sucessos das duas temporadas anteriores. No entanto, depois de todas as suas grandes esperanças, a tragédia atingiu agora a pequena frota de caça às focas de Banff. Como era normal naqueles dias, qualquer navio que regressava do norte trazia notícias dos outros, para que parentes ansiosos pudessem ouvir falar dos seus homens. Foi um navio de Peterhead, chamado *Pomona,* que primeiro levou a notícia da perda do *Félix,* e haveria corações doloridos entre as mulheres de Banff enquanto esperavam pela conformação. A história do Capitão Robertson foi breve e insatisfatoriamente fragmentada. Ele apenas relatou ter falado com um navio estrangeiro que havia resgatado parte da tripulação do *Félix,* mas dois haviam morrido no gelo.

Naturalmente, houve especulação em Banff. Se dois homens tivessem morrido no gelo, eles poderiam ter ficado lá por algum tempo antes de terem sido resgatados. O Capitão Robertson também disse que o imediato, um homem de Peterhead chamado Allan, e o seu genro, o Capitão Hay, estavam ambos desaparecidos. Em um estilo típico dos vitorianos práticos, o *Banffshire Journal* relatou que o *Félix* "com sua carga e provisões valia mais de 1300 libras" e que "a maior parte estava coberta pelo seguro".

A mesma edição da revista também citou Robertson dizendo que "a temporada tem sido excepcionalmente tempestuosa, fazendo com que a atividade da pesca seja tão difícil como perigosa". Ele disse que o *Violet,* de Hull, também tinha se perdido e que o seu próprio navio tinha voltado danificado, e sem "nenhum gelo fino à vista a pesca teve que ser realizada em barcos, que muitas vezes eram inundados pelos mares pesados". O *Pomona* tinha, ele próprio, resgatado um barco e tripulação do navio de Peterhead, o *Alert,* que os mares tempestuosos tinham conduzido para longe do navio.

Com o povo de Banff ansioso, mais notícias foram sendo

filtradas gradualmente para o sul vindas da área de caça às focas, e eles ficaram sabendo exatamente em que condições seus homens estavam trabalhando. Havia sido uma temporada movimentada nos terrenos de caça de focas. Um relatório de Hamburgo disse-lhes que o brigue inglês, o *Union*, tinha sido abandonado pela sua tripulação, mas um grupo de um navio alemão, *Joanna Mayen*, embarcou e levou-o para o porto. Um relatório de Lerwick disse que o navio foqueiro escocês, o *Gipsy*, tinha sofrido uma ruptura no casco, mas outros navios estavam ocupados entre as focas. Só no dia 16 de maio, após duas semanas de especulação, é que o *Banffshire Journal* pôde escrever a história final do *Félix*, sob o título "O Sofrimento da Tripulação de um Navio Foqueiro nos Mares Árticos".

Nessa altura, muitos dos tripulantes já tinham regressado para casa, e a sua história coletiva trazia consigo a verdade pungente da vida de um caçador de focas. É um nítido contraste com o investimento especulativo de supostos homens ricos, mas uma história de dificuldades, sofrimento e coragem silenciosa de homens que estavam trabalhando para alimentar suas famílias.

O *Félix* tinha chegado à zona de pesca de focas no dia 6 de abril, e estava ocupado a caçar entre o gelo quando um vendaval, vindo do sul, subitamente se levantou. A ventania fez o gelo se chocar contra o casco, e possivelmente danificou o leme. O Capitão Hay ordenou que todas as velas, exceto a vela do mastro principal, fossem abaixadas, mas o leme não respondeu, e o *Félix* ficou indefeso. Às nove da manhã, o vento levou-o em direção a um iceberg, danificando-o severamente apesar do duplo aplainamento; ele começou a vazar água. O Capitão Hay ordenou que a tripulação fosse às bombas e começou a jogar fora o lastro para aliviar o navio. Os Homens da Groenlândia lutaram para salvar o *Félix* durante todo aquele dia, cortando o mastro de proa e o mastro principal para evitar que ele afundasse, mas apesar dos seus esforços, à noite *Félix* ficou alagado e se inclinou para o lado.

Houve um momento de esperança quando um navio

apareceu por perto, mas embora a tripulação tenha feito sinal, não houve resposta. Em um tempo antes dos rádios, a distância era relativa e uma embarcação de 91 toneladas era pequena contra a vastidão do Ártico. Com o navio afundando e sem ajuda à mão, a tripulação teve que abandonar a embarcação. Lançando os barcos, eles fizeram um último esforço desesperado para corrigir o *Félix*, mas ele estava muito danificado e permanecer a bordo era fútil e perigoso. No entanto, tinham passado tanto tempo a tentar combater o inevitável, que *o Félix* ficou alagado, e os homens tiveram poucas chances de salvar o que quer que fosse, antes de irem para o gelo. Entrando nos barcos abertos apenas com aquilo em que se levantavam, eles tinham pouca comida, água ou mesmo roupa extra para o frio extremo do Ártico.

A tripulação do *Félix*, vinte e seis homens, se amontoaram nos barcos abertos que se movimentavam ao redor dos mares do norte, com icebergs de vários tamanhos saindo da escuridão. Tinham deixado o navio com tanta pressa que nem sequer tinham uma bússola e estavam exaustos e, provavelmente, desanimados com seu dia de trabalho incessante.

Houve alguns momentos de esperança quando pensaram ter visto uma vela branca brilhando através do escuro, mas quando pegaram os remos e se empurraram em direção à ela, perceberam que a vela branca era apenas um iceberg com um formato curioso. Mais infeliz ainda, o longo remar através da escuridão havia separado as tripulações, com o barco do capitão à frente dos outros. Frios, desapontados e divididos, eles procuraram um iceberg adequado para se abrigar durante o resto da noite. Sem roupa adequada, passaram uma noite amarga, e pela manhã, depois de uma magra refeição de pão, todos tentaram ir em direção ao capitão, para que estivessem pelo menos juntos.

Os blocos de gelo tinham se separado durante a noite e o barco do capitão estava longe dos homens, então, eles tiveram que se mexer e saltar sobre fendas no gelo, mas, eventualmente, conseguiram chegar até o capitão. No entanto, sofreram duas baixas, com James Burns, de Banff, e James Tours, de Stromness, desmaiando devido a fadiga, exposição e fome. Eles passaram uma segunda noite no gelo, com Burns e Tours desvanecendo-se rapidamente, até que ambos morreram. Burns era um homem frágil para uma caçador de focas e morreu no terceiro dia, com Tours no quarto. Burns não era um nome comum em Banff, mas havia uma família Burns no número 26, High Street, liderada por uma viúva de trinta e três anos. Se esta fosse a mesma família, é provável que James fosse o filho mais velho, então, a sua morte seria duplamente trágica para uma mãe que já passava por dificuldades.

Os outros lutaram para sobreviver. No terceiro dia, eles navegaram no barco do capitão e capturaram focas, que mataram e trouxeram de volta para serem comidas cruas. Os vinte e quatro homens restantes sobreviveram naquela noite, e ao dia seguinte, que era o quarto deles no gelo, com roupas e comida inadequadas. No quinto dia, um grupo de voluntários remou novamente no barco do capitão para procurar ajuda, e desta vez, a sorte deles voltou. Eles viram uma vela indo para o sul.

É difícil imaginar os sentimentos mistos, de euforia, esperança e apreensão de que este navio também podia passar por eles. Voltando ao bloco de gelo, eles informaram os outros. De imediato, o Capitão Hay ordenou que o mais apto e forte dentre eles entrasse no barco e remasse até ao navio distante.

A embarcação provou ser *Brahmoor*, um foqueiro hanoveriano, que agora navegava para os locais de pesca de baleia no norte. O capitão pegou imediatamente os homens que tinham remado até ele e emprestou ao Capitão Hay uma tripulação de seus próprios homens para resgatar os restantes.

Mesmo quando a bordo do *Brahmoor*, os efeitos de quatro dias de frio extremo e falta de comida cobraram o seu preço. Não é de surpreender que muitos homens sofreram com queimaduras de frio e o Sr. Allen, o imediato, teve que amputar os seus membros. Ele morreu pouco tempo depois. Os homens do *Brahmoor* cuidaram da tripulação do *Félix* até que puderam transferi-los para outras embarcações baleeiras escocesas, que acabaram levando-os para casa. Houve uma última baixa, pois quando a esposa do Sr. Allen soube da morte de seu marido, ela também faleceu. Havia sempre baixas escondidas em qualquer tragédia.

Enquanto a tripulação de *Félix* sofria, os outros navios da Groenlândia lutavam contra o que provou ser uma temporada muito tempestuosa, e os navios foqueiros mantinham um cuidado especial com os barcos que tinham sido desviados da sua embarcação-mãe. Apesar do tempo, a segunda embarcação da Banff, *Alexander Harvey*, tinha capturado cerca de 2.300 focas até ao final de abril, o que foi melhor do que o seu total do ano anterior, mas não o suficiente para fazer uma temporada de sucesso. Após a perda de uma embarcação, o povo de Banff esperava ansiosamente por notícias do *Alexander Harvey*, mas no final de junho, a embarcação de Fraserburgh, *Vulcan*, trouxe notícias melhores.

O *Vulcan* relatou que o *Alexander Harvey* estava a salvo e tinha tido cerca de 25 a 30 *tuns* de óleo. Teria havido uma mistura de sentimentos quando as esposas souberam que ela tinha ido para a área de caça de baleias. No entanto, o *Alexander Harvey* voltou em segurança no final de julho, mas sem grande sucesso na caça à baleia. Depois do otimismo e das grandes esperanças da temporada anterior, 1854 tinha sido um ano ruim para Banff.

No entanto, mesmo com a perda do *Félix*, Banff continuou a progredir como porto. De acordo com as Tabelas de Marés de Aberdeen para 1856, a frota geral de Banff tinha aumentado na década anterior. Em 1841, Banff possuía 23 navios com um total de 1.800 toneladas, um número que se manteve estável durante uma década, mas em 1856, havia 27 navios com uma tonelagem agregada de 2.500 toneladas. Apesar da tragédia do *Félix*, o futuro de Banff parecia seguro.

Houve menos fanfarra sobre a caça às focas em 1855, com o

Alexander Harvey como único representante de Banff e nenhuma tentativa de substituir o *Félix*. No final de janeiro, os preparativos estavam adiantados, e mais uma vez, houve um baile de despedida, desta vez realizado no antigo salão do St. Andrews Lodge. Como no ano anterior, o baile foi um sucesso, com o Conde de Fife, fornecendo 2 libras e um grande bolo, enquanto em troca os foliões beberam a sua saúde. No final da noite, houve um lucro de 1 libra, que foi distribuído para as viúvas dos marinheiros locais.

O *Alexander Harvey* navegou no dia 17 de fevereiro, e sem dúvida, o povo de Banff o viu partir, alguns pensando na perda do *Félix*. Esperavam com a habitual mistura de fatalismo e ansiedade durante os meses de primavera e verão, e haveria alegria no dia 31 de Julho, quando o *Active*, de Peterhead, regressou com a notícia de que o *Alexander Harvey* tinha apanhado uma baleia. No entanto, essa notícia revelou-se mais tarde falsa quando ele navegou de volta ao porto, uma semana depois, com uma carga de apenas 800 focas. Entretanto, ele tinha dois ursos polares vivos, que eram os objetos de grande interesse e anedotas, mais uma vez provando as diferentes atitudes dos vitorianos em relação à natureza.

A tripulação estava caçando focas ao norte da latitude 73, quando viram uma mãe ursa e seus dois filhotes. Atirando na mãe, eles amarraram cordas sobre as cabeças das duas crias e as arrastaram imediatamente de volta para o navio. Jogando cada cria em um barril separado, os homens as mantiveram no lugar com uma grade de ferro e as trataram como animais de estimação durante o restante da viagem. O macho acabou por ficar tão domesticado que podia ser alimentado à mão. A tripulação pretendia dar, ou vender, os ursos a um zoológico, e durante a viagem também mataram onze outros ursos e trouxeram para casa as peles e algumas das cabeças e patas.

Apesar da captura de duas crias de urso polar, o relativo fracasso do *Alexander Harvey* nessa viagem, com apenas 800 focas, após a perda do *Félix* no ano anterior, marcou o fim da aventura de Banff no comércio de focas. Em setembro daquele ano, os proprietários da empresa foqueira venderam o *Alexander Harvey* para Charles McBeath, de Fraserburgh, e se curvaram graciosamente para longe do que, dois anos antes, parecia ser um negócio muito lucrativo. Foi deixado a Fraserburgh carregar o manto do comércio de focas e baleias em Moray Firth.

CAPÍTULO SEIS

OS PERIGOS DO NORTE

Ao meio-dia, preso rapidamente no gelo e apoiado à popa, mas de nada adiantou; chamaram todas os marinheiros para rolar o navio, o que fizeram com vontade.

MATTHEW CAMPBELL, DIÁRIO DE UMA VIAGEM AO ESTREITO DE DAVIS, 27 DE JUNHO DE 1884

A caça à baleia e à foca, como qualquer ramo da navegação, era uma ocupação perigosa. Os diários dos cirurgiões, e outros, estão repletos de exemplos de pessoas feridas, perdidas, congeladas ou morrendo no norte, em números proporcionais que talvez só as forças armadas ou os pescadores enfrentam hoje. Os marinheiros de Moray Firth não estavam mais seguros do que quaisquer outros quando escolheram o comércio de baleias ou focas, mas poucos deixaram relatos escritos que tenham sobrevivido. Por essa razão, muitos dos exemplos aqui utilizados são retirados dos grupos de homens que navegavam de outros portos, mas embora os incidentes particulares possam não dizer respeito aos marinheiros de Moray Firth, eles compartilharam exatamente os mesmos perigos.

O mar em si era uma ocupação perigosa, com navios

encalhando ou pior, desaparecendo, sem deixar rastros. As estatísticas do *Relatório de Naufrágios* do governo são uma leitura hedionda; por exemplo, em 1835 foram 524 navios britânicos encalhados ou naufragados, com mais 30 desaparecidos ou perdidos. Destes, em dezenove casos, toda a tripulação se afogou, de modo que, só no ano em questão, 564 marinheiros foram afogados no mar. Em 1848, de acordo com o *Shipping Returns*, perderam-se 501 veleiros, além de 25 navios movidos a vapor. Não há números oficiais para o número de marinheiros depois de 1835.

Uma razão para estes números chocantes era a fraca formação do mestre e dos oficiais. Até meados do século XIX, muitos mestres, particularmente de embarcações costeiras, tinham pouca educação formal e navegavam apenas por estimativas, o que significava que adivinhavam a sua posição. Alguns não usavam nem sextantes nem cartas marítimas, por isso, não é de se admirar que cada tempestade assolasse as costas da Escócia, País de Gales e Inglaterra, com navios quebrados e marinheiros exaustos.

Desde o final do século XVIII, houve um movimento experimental, e muito lento, para melhorar os aspectos da navegação mercantil. Em 1786, o Ato Geral de Registro, ordenou que cada navio britânico tivesse sua origem registrada, juntamente com seu construtor e proprietário, sua tonelagem e detalhes de seu tamanho e equipamento. Este ato nada fez para aliviar as muitas dificuldades dos marinheiros, que estavam abertos a abusos físicos pelos oficiais no mar, eram muitas vezes enganados no porto, e podiam acabar se afogando por causa de oficiais ignorantes que não sabiam nada sobre navegação.

Em 1845, foi criado um esquema voluntário para exames apenas para mestres e imediatos de embarcações estrangeiras, o que foi inútil para o grande número de marinheiros que trabalhavam nas embarcações costeiras. Em 1854, o governo britânico melhorou este esquema quando aprovou o Ato de Embarque Mercante, que tornou mais rigorosos os regulamentos no mar. Só depois dessa lei é que os oficiais dos navios mercantes receberam ordens para mostrar que eram navegadores e comandantes competentes de navios. Essa lei também começou a criar uma pequena melhora no bem-estar dos marinheiros ao exigir que tanto os comandantes como os trabalhadores assinassem um registro sobre o caráter, a conduta e a posição do marinheiro no navio.

Pela Lei de 1854, o comandante de cada navio, e o primeiro e segundo imediatos de um navio estrangeiro, que incluía os navios da Groenlândia, tinham de ter um certificado para provar a sua competência a flutuar, ou ter um certo número de anos de serviço no mar. Qualquer navio de 100 toneladas ou mais tinha de ter um capitão e um imediato certificado. O segundo imediato tinha de ter pelo menos dezessete anos de idade, com quatro anos de experiência no mar e uma compreensão das cinco primeiras regras de aritmética, o uso da longitude e como usar um sextante. Se houvesse apenas um imediato, ele tinha de ter pelo menos dezenove anos de idade, com cinco anos de experiência no mar e ser capaz de navegar pelo sol, enquanto o primeiro imediato tinha de ter conhecimentos suficientes para "observar azimutes e calcular a variação, comparar cronômetros e trabalhar a latitude por altitude única do sol".

Com cada aumento da patente, o oficial do navio tinha que ter um conhecimento correspondente de assuntos náuticos, até finalmente o mestre do navio, que tinha que ter pelo menos vinte e um anos de experiência no mar e um conhecimento profundo sobre marinheiros e navegação. A Lei também restringiu o número de ações para um navio em 64, e determinou que todos os proprietários deveriam ser registrados. Esta Lei conseguiu, de alguma forma, aliviar alguns dos abusos dos navios que navegavam com oficiais incompetentes ou inexperientes, mas ainda havia uma pletora de perigos que estavam logo além da boca do porto.

Como acontece com os tripulantes de qualquer navio, os

marinheiros de baleeiros e foqueiros enfrentavam a possibilidade de doenças comuns, enquanto o cirurgião tinha que lidar com os riscos comuns de resfriados e tosse a bordo do navio, assim como com ossos quebrados ou entorses, cortes e hematomas diversos. Além disso, ele tinha a preocupação das queimaduras do frio e, em viagens mais longas ou se ficassem presos no gelo, do escorbuto. Também podem ter existido doenças venéreas. Escrevendo em 6 de junho de 1856, o Cirurgião Trotter, no *Enterprise*, disse "o pior talvez tenha sido um caso de tétano que logo curei, mas não antes de ter que sangrar o homem". Ele também mencionou um timoneiro "nocauteado por sobre o timão" porque "um pedaço de gelo atingiu o leme... ele foi carregado para dentro da cabine desacordado, seu pescoço estando quase quebrado".

O tempo era uma ameaça constante, com as tempestades frequentes no norte. No dia 10 de julho, Trotter menciona este fator: "um forte vendaval hoje com um tremendo mar varrendo os conveses". Às vezes o vendaval carregava um ou dois marinheiros e, numa noite escura, a perda deles não podia nem mesmo ser notada até que qualquer possibilidade de resgate desaparecesse. A entrada lacônica no diário do cirurgião Matthew Campbell, do navio de Dundee, o *Nova Zembla*, em 21 de março de 1884, diz tudo: "dois homens desaparecidos na vigia do imediato. Devem ter sido levados ao mar".

Outras vezes, o perigo era menos imediato, mas mais generalizado. Os navios precisavam manter as suas provisões de maneira adequada, pois mesmo a água potável poderia esgotar-se, ou tornar-se suja, com o tempo. Como John Wanless, cirurgião do navio de Dundee, o *Thomas*, disse em 16 de maio de 1834: "Quanto mais tempo vivemos, mais infelizes somos. A água doce tem um sabor odioso entre as nossas outras misérias, que não podemos nem mesmo receber um bom copo de água". Felizmente, geralmente havia um remédio útil para esta dificuldade em particular. Aqui está Campbell novamente, no dia 6 de Maio de 1884: "Conseguimos quase um tanque de água de um pequeno iceberg à tarde, estando nós em grande necessidade de água".

Às vezes, o navio inteiro afundava, como o *Empress of India*, em 1859. Navios próximos ao local foram em direção à cena, mas nem sempre com a melhor das intenções. Este pequeno trecho é do diário de Thomas Macklin, do *Narwhal*: "Tentei salvar o máximo possível do naufrágio juntamente com a tripulação do *Empress* e nossos homens – ambos, tenho vergonha de dizer, fazendo os mais obscenos xingamentos um para o outro". Naquela ocasião, a tripulação do *Narwhal* e os membros noruegueses do *Empress of India* estavam quase fora de controle, lutando entre si, e procurando pelo armário das bebidas, e apenas a intervenção do mestre e dos oficiais do *Narwhal* impediu o que poderia ter se tornado um motim muito desagradável.

Era uma tradição entre os baleeiros que, quando o navio afundasse, eles liberassem o rum, e a perda do *Empress* não foi diferente. Macklin escreveu: "Na cabine, a cena era de grande confusão. O Capitão Martin estava armado até os dentes e seu dever exigia grande firmeza... o grupo de homens estava pressionando, exigindo rum". Tal comportamento parece ter sido bastante aceitável após um naufrágio, pois William Barron mencionou, na página 22 de seu livro *Old Whaling Days*, que quando um navio naufragou, os trabalhadores "tiraram o barril de rum da cabine. A tampa foi arrancada do barril, e latas e botas foram mergulhadas no rum". Barron acreditava que muitos estavam permanentemente alterados pela sua embriaguez, e acrescentou "na manhã seguinte alguém colocou fogo no navio naufragado". Cenas semelhantes foram registradas durante a Feira Baffin, em 1830, quando metade da frota baleeira britânica ficou presa no gelo; dezenove embarcações foram naufragadas e mais de mil homens se amontoaram em torno dos barris de rum saqueados.

Por vezes os perigos eram mais sutis do que um simples naufrágio e desordens. Os primeiros navios baleeiros transportavam a gordura de baleias em barris e, em 1802, o Capitão Alexander Young, do navio de Montrose, o *Eliza Swan*, relatou aos oficiais da alfândega que, quando a tripulação estava enchendo os barris com gordura de baleias, "onze das pessoas... quase perderam a vida no porão por causa do Ar Mefítico, que emanava de uma série de barris de água que estavam escondidos com o propósito de serem enchidos com gordura de baleias".

A caça à baleia, então, era uma ocupação perigosa. Além dos perigos normais do mar, havia os perigos extras de icebergs, congelamento e ficar preso, por um período desconhecido de tempo, em condições abaixo de zero. Não era uma vergonha que a *Banff Sealing and Whaling Company* tivesse falhado em obter lucros, mas outro porto de Moray Firth, Fraserburgh, também estava ativo no Ártico.

CAPÍTULO SETE

O COMÉRCIO FOQUEIRO E BALEEIRO DE FRASERBURGH: A DÉCADA DE 1850

> *A natureza sazonal e as viagens curtas dos baleeiros escoceses atraíram uma classe de marinheiros que, vivendo no porto de origem dos navios, navegavam neles ano após ano. Isto proporcionou um ambiente mais feliz a bordo deles".*
>
> CAPITÃO G. W. CLARK: O ÚLTIMO DOS CAPITÃES
> BALEEIROS

Situada mesmo na extremidade do grande punho de Buchan, que entra no Mar do Norte, Fraserburgh tinha de ser uma cidade náutica. Com Kinnaird Head como o ponto fora da curva, e a baía de Fraserburgh curvada para o leste, a cidade goza de uma situação espetacular. Fraserburgh tem, há muito tempo, uma rivalidade com Peterhead, alguns quilômetros mais ao sul, e no século XIX, ambas estavam envolvidas no comércio de focas e de baleias. A história de Fraserburgh é longa e interessante.

Conhecida pelos habitantes locais como Broch, que é o antigo termo escocês para um burgo, seu nome original, no século XIV, era Faithlie, mas no início do século XVI, Fraser, de Philorth, comprou a cidade e começou a recriá-la na imagem de sua família. No início, as alterações e melhorias foram graduais, com a construção de um porto em 1546, e de um castelo em Kinnaird Head, trinta anos mais tarde. Em 1592, Faithlie tornou-se Fraserburgh, e a cidade também se tornou um burgo da regência. Sir Alexander Fraser, de Philorth, foi elevado de posição, tornando-se Lord Saltoun, um nome que mais tarde ressoou dentro da indústria foqueira. Os Frasers eram proprietários ambiciosos e tentaram fundar uma universidade aqui, mas enquanto esse esquema falhou, a indústria pesqueira não o fez.

Em 1787, o castelo de duzentos anos tornou-se um farol e, algumas décadas mais tarde, foi estabelecida a primeira estação de faróis da Escócia no continente. Era óbvio que o mar era vital para o futuro. No final do século XVIII, e durante grande parte do século XIX, a pesca foi uma indústria escocesa em expansão. Fraserburgh expandiu-se, assumindo a aldeia vizinha de Broadsea e ampliando o porto em longas fases de melhoramento. Em 1810, a cura do arenque começou em Fraserburgh e o porto ampliado foi capaz de segurar as centenas de barcos de pesca que se aglomeravam. No entanto, também havia inveja dirigida aos vizinhos de Peterhead, cuja frota baleeira e foqueira era a maior da Grã-Bretanha e, no início da década de 1850, Fraserburgh juntou-se ao boom da caça às focas.

Embora a cidade nunca tenha sido uma rival de Peterhead, durante algum tempo, Fraserburgh foi um importante porto para a caça às baleias e às focas. No seu auge, enviou seis embarcações para o norte, o que significava que uma proporção considerável da população masculina de Broch estava envolvida no Ártico, e embora o número de embarcações tenha diminuído rapidamente, Fraserburgh manteve um interesse na caça à baleia e à foca durante a melhor parte dos últimos vinte anos. Como em todos os portos baleeiros, Fraserburgh ficava poluída, de tempos em tempos, com o cheiro da gordura de baleia em ebulição quando os navios estavam no porto. Os estaleiros de ebulição ficavam alinhados e um vento de sudeste espalhava o cheiro horrível pela cidade.

Mas que tipo de pessoas eram esses homens que se colocavam, voluntariamente, em perigo para caçar focas e baleias no meio do gelo do Ártico? Em última análise, eles eram os ancestrais dos escoceses de hoje; parte de nós. Qualquer escocês pode afirmar, nas palavras de Alexander Gray, que eles eram "carne da minha carne, e osso do meu osso"; suas ações ajudaram a criar a estrutura da Escócia, mas, embora ligados pelo sangue, uma perda de tempo e experiência nos divide.

É quase impossível mergulhar na mente e nos motivos das pessoas que viveram no passado, pois estamos condicionados pelo nosso próprio ambiente e por uma cultura que sofreu alterações maciças desde o auge dos tempos vitorianos, nas décadas de 1850 e 1860. O melhor que podemos fazer é ler cartas, periódicos e reportagens de jornais; cantar suas canções e visitar museus para inspecionar os artefatos que hoje são curiosidades, mas que, naquela época, eram as realidades essenciais da vida cotidiana.

É possível dizer muito a partir das canções que as pessoas cantam. Não as canções ensinadas e cultas aprendidas nos locais de ensino, mas os coros vulgares, fora do comum, entoados enquanto na companhia de familiares ou amigos, pessoas com quem o cantor se sente confortável. Infelizmente, mais uma vez, muitas, provavelmente a maioria dessas canções populares improvisadas foram perdidas, ou alteradas tão completamente por acadêmicos primitivos que as palavras e sentimentos originais foram perdidos. O que resta é uma casca de realidade sanitizada, mas talvez parte do espírito sobreviva nos versos de canções baleeiras como *Farewell Tae Tarwathie*, escritas na época do comércio de focas de Fraserburgh, por um moleiro de New Deer, chamado George Scroggie.

Adeus tae Tarwathie, adieu Mormond Hill
E a querida terra de Crimond, despeço-me de vós,

*Estou de partida para a Groenlândia e pronto para velejar
Na esperança de encontrar riquezas na caça à baleia'.*

Por mais sanitizada que seja a *Tarwathie*, ela fornece algumas pistas sobre os sentimentos e motivações dos caçadores de focas da metade do período vitoriano. A tristeza na partida e o amor romantizado pelo lar, que é certamente sentido universalmente antes de qualquer viagem perigosa, era tingida de excitação com as palavras "Estou a caminho da Groenlândia e pronto para velejar". A palavra "pronto" sugere mais do que apenas um estado de preparação, mas também um afã reprimido, um desejo de estar fora, enquanto a última linha, "na esperança de encontrar riquezas", dá o verdadeiro motivo. Os Homens da Groenlândia não estavam caçando apenas pela luxúria de matar, mas pelo dinheiro. Em última análise, a caça à foca ou à baleia era um meio de vida.

A *Farewell to Tarwathie* ainda hoje é cantada em clubes folclóricos por todo o país, assim como o *Bonny Ship the Diamond*, sobre o comércio da baleia em Peterhead.

*"Ao longo do cais em Peterhead, as moças ficam à volta
Com os seus xales todos puxados sobre elas e as lágrimas
    salgadas a correr".*

Mais uma vez, há a tristeza na despedida, e a sensação de desolação em "seus xales todos puxados sobre elas". Temos uma imagem de mulheres a chorar, amontoadas na tristeza e contra o frio cru de uma manhã de fevereiro, quando a frota baleeira parte para o norte. É uma visão de tristeza no início da viagem, e um completo contraste com a linha final de alívio, triunfo e celebração.

Estas canções, e muitas mais, foram reunidas por um colecionador de canções populares, chamado Gavin Greig, um homem de Buchan que buscava ativamente material baleeiro. Infelizmente para a posteridade, ele deliberadamente não registrou os refrões mais obscenos que os Homens da Groenlândia sem dúvida rugiram, dizendo que eles eram "bastante fortes para a impressão". Há apenas uma dica de tal conteúdo nas últimas estrofes de *Bonnie Ship the Diamond*:

Vamos fazer camas para balançar e os cobertores para rasgar.
E todas as moças de Peterhead cantam "durma, meu querido".

Embora os navios da Groenlândia partissem de Banff e Fraserburgh, as tripulações também vinham das aldeias de pescadores ao longo da costa de Buchan, Banffshire e Moray. Para muitos pescadores, como James Sim, de Broadsea, a pesca da baleia era uma ocupação temporária, algo a ser seguido durante um ou dois anos, para ganhar dinheiro suficiente para investir em um barco de pesca ou em uma esposa.

Os nomes de muitos baleeiros estão registrados em diários de bordo e listas de tripulantes, mas os detalhes da maioria já se foram há muito. No entanto, às vezes sobram restos. Uma das mulheres mais conhecidas neste trecho da costa de Moray Firth foi Christian Watt, que deixou um diário impressionante registrando sua vida de tragédia e tristeza, misturada com sentido sólido e uma aura de orgulho insaciável. Em comum com tantas pessoas ao longo da costa de Moray Firth, Christian Watt tinha uma conexão íntima com o mar. Sua mãe lhe ensinou que os marinheiros de sua família eram superiores aos homens da terra, pois podiam "navegar pequenos barcos de remo, e navegar até as Hébridas, Shetland e Groenlândia, sem nada além do sextante definido com o sol do meio-dia, e as estrelas para guiá-los à noite".

Assim, mesmo quando criança, Christian sabia da conexão com a Groenlândia, e o povo de Broadsea, naquela época separado de Fraserburgh, que tinham a caça à baleia como parte de sua herança. Broadsea era uma vila marítima, conhecida como Seatown nos antigos livros da corte do baronato de Fraserburgh. Como tantas aldeias de pescadores escoceses, era uma vila bem fechada, com fortes laços familiares, e os Watts viviam na mesma casa há mais de duzentos anos. As casas eram pequenas e simples, construídas no estilo vernacular comum a muitas aldeias escocesas. Algumas ainda tinham uma lareira central e recordações recentes da partilha com os animais, mas independentemente dos seus defeitos, abrigavam gerações de pessoas trabalhadoras e inteligentes.

"Meu pai" escreveu Christian Watt, na página 15 de seus *Documentos* "foi à Groenlândia para a caça à baleia, um trabalho muito perigoso que custou muitas vidas jovens. Os baleeiros eram um grupo de homens selvagens e rústicos que viviam um dia por vez, e nunca se passou um ano que alguns não voltassem".

Não havia dúvida de que ela estava certa. A caça à baleia, e a caça às focas associada, era uma ocupação perigosa. A sua descrição dos baleeiros como um "grupo selvagem e rústico" combina com outros relatos que falam de baleeiros lutando entre si ou causando problemas quando em terra. No entanto, é difícil dizer se eles eram piores do que qualquer outro marinheiro britânico, ou mesmo pescadores, que também eram conhecidos por causar problemas quando soltos em Fraserburgh. Talvez fosse justo dizer que qualquer grande grupo de homens, livres após uma longa e estressante viagem, poderia se tornar selvagem, particularmente quando combinado com álcool. Na página 16, Watt também mencionou o estresse sofrido pelas famílias dos baleeiros. "Durante a temporada, era um momento complicado para os que ficavam em casa, pois não havia comunicação com a Groenlândia". O reconhecimento deste período era responsável pelas "lágrimas salgadas" na primeira linha do *Bonnie Ship the Diamond*.

Essa falta de comunicação é, às vezes, difícil de entender no século XXI, quando a tecnologia traz as pessoas em contato imediato com amigos e familiares com o toque de um botão no celular. O entendimento de meses onde, simplesmente, não havia a possibilidade de se saber o que estava acontecendo com um filho, irmão ou marido, até mesmo não saber se eles estavam vivos ou mortos, ou quantos dias, semanas ou meses, eles poderiam ficar ausentes, deve ter aumentado tremendamente a tensão.

Assim como o pai dela, Christian Watt tinha um marido com ligações à caça de baleias. Em 1858, Christian e James Sim assinaram um vínculo de casamento, que era um arranjo muito prático, como um casamento experimental, que salvaguardava quaisquer filhos, mas permitia a separação legal se o casal decidisse que eles não estavam prontos para uma união permanente.

Depois de uma temporada na Groenlândia, e com Christian grávida, James voltou para casa em novembro e eles se casaram alguns dias depois. Devido à forte vontade de sua esposa, James Sim logo voltou para a pesca, e as ligações de Christian com as baleias terminaram. No entanto, para ela, como as muitas esposas de pescadores da costa de Moray Firth, a ligação entre a pesca e a caça à baleia era muito forte, e a qualidade dos baleeiros nas embarcações de Moray era muito alta.

Foram esses homens que encheram os navios da Groenlândia que partiram de Fraserburgh durante a maior parte de duas décadas. O que se segue é um relato de temporada por temporada da experiência de Fraserburgh com o comércio baleeiro e foqueiro no Ártico.

TEMPORADA DE 1852

Em 21 de Fevereiro de 1852, a barca *Melinka*, de 297 toneladas, saiu do porto de Fraserburgh, com destino às zonas de caça à focas do norte. O Capitão John Stephen estava no comando. O Capitão John Stephen era um de uma família náutica de Fraserburgh, com seus irmãos Peter e Alexander também sendo comandantes de navios, assim como seu pai, John. Ele já tinha sido mestre do *Sir William Wallace*, navegando para Londres. Comprado novo em Belfast, o *Melinka* estava preparado tanto para a caça à foca, como para a caça à baleia. As pessoas de Broch, em particular seus donos e a família de sua tripulação, observavam-no com uma mistura de excitação e trepidação, pois sabiam dos lucros e perigos do comércio ártico.

Os Homens da Groenlândia viram as multidões de simpatizantes acenarem para eles do cais e do Castelo Verde, e então, gradualmente o Broch recuaria até ficar menor, assim como o adeus final do farol em Kinnaird Head; seus pensamentos sobre de suas famílias diminuiriam, e se voltariam para o norte, para o Ártico cruel e para o área de caça às focas.

Como é habitual nos navios baleeiros a partir, o *Melinka* estava em lastro; o primeiro dos navios foqueiros de Fraserburgh, e ele anunciou uma indústria que iria durar quase duas décadas. Nessa primeira viagem, o *Melinka* teve muito sucesso, e talvez haja contos apócrifos da tripulação jogando provisões de lado para abrir espaço para mais gordura. Não poderia ser um começo mais auspicioso para a aventura de Fraserburgh com o norte.

O povo de Broch voltou a encher o Castelo Verde, aplaudindo quando o *Melinka* regressou sem danos a baía de Fraserburgh, na manhã do dia 18 de Maio, o primeiro navio a regressar da pesca da foca e com quase 140 *tuns* de óleo a bordo. Fraserburgh ficou entusiasmada com as notícias. Além de seu porão satisfatoriamente cheio, o *Melinka* trouxe notícias de outros navios de pesca de focas e baleias, nenhum dos quais havia excedido seu sucesso, o que deve ter feito com que seus investidores ronronassem com o cumprimento.

O *Melinka* tinha feito a sua viagem de sucesso apesar do tempo selvagem; ele tinha deixado o gelo no dia 29 de abril, e fez uma rápida passagem para casa. Em suma, o Capitão John Stephen deve ter sido um homem feliz, e seria ainda mais feliz quando a *Fraserburgh Whale and Seal Fishing Company*, os proprietários do *Melinka* colocaram de lado 3% dos lucros para mais investimentos e ainda declararam um dividendo de 43% para os acionistas. Esta empresa comprou mais um navio, o

Vulcan, e preparou-o para o gelo, enquanto uma empresa rival trabalhava no *Sovereign*. A indústria da caça às focas estava a prosperar em Fraserburgh. O *Vulcan* era outro pequeno navio resistente, originalmente construído para o comércio de ferro e tinha sido comprado da *Carron Iron Company*.

O sucesso do *Melinka* encorajou outros em Fraserburgh a investir dinheiro na indústria foqueira e houve uma súbita correria de pessoas que descobriram um interesse comum no norte. Especulou-se que duas outras embarcações partiriam de Fraserburgh na temporada seguinte. A mesma empresa que era dona do *Melinka*, foi dito, enviaria a barca *Elim*, de 265 toneladas, que era parcialmente propriedade do empresário local Charles McBeath, enquanto os senhores Park e Wemyss iriam preparar o *Anna Mary*, outra barca de 303 toneladas. Embora esses navios nunca tenham navegado para o norte, a primeira temporada encerrou com um zumbido satisfatório de orgulho financeiro e profissional.

TEMPORADA DE 1853

No evento, a frota de Fraserburgh aumentou, de fato, na temporada seguinte. O primeiro navio a deixar Broch foi o *Melinka*, o seguinte foi o brigue *Vulcan*, de 177 toneladas, sob o comando do Capitão Alexander, no final de fevereiro, e o brigue *Sovereign*, de 130 toneladas, comandado pelo Capitão Burnett, no dia 23. *Sovereign* e *Vulcan* eram navios mais velhos e menores, destinando-se apenas à caça de focas e não ao trabalho mais vigoroso da caça de baleias. Fraserburgh tinha investido muito dinheiro nestas embarcações, com 7.000 libras só no *Melinka*, 3.000 libras no *Vulcan* e 2.600 libras no *Sovereign*. Os acionistas esperavam um bom retorno para o seu dinheiro. James Cardno geria o *Sovereign*.

Aquele mês foi tempestuoso, com vários naufrágios ao longo da costa nordeste da Escócia. Houve uma consternação quando o mar arrastou um baleeiro em destroços até Port Gordon, perto de

Buckie. Os pescadores locais leram o nome inscrito *Melinka*, e temeram o pior, especialmente porque o mastro principal do navio também havia sido lançado em terra. No entanto, no dia 15, as três embarcações de Fraserburgh chegaram a Lerwick, apesar de mais receios de que o *Vulcan* tivesse naufragado em rota e quando as embarcações partiram para a pesca, já havia 125 baleeiros a bordo.

Como o *Melinka* na temporada anterior, o *Sovereign* voltou rapidamente da caça às focas, chegando à baía de Fraserburgh no início de maio. Como era de se esperar, a cidade estava animada e a multidão se reuniu nos cais e ao redor do farol.

Não havia necessidade de ansiedade. O *Sovereign* do Capitão Burnett tinha regressado porque tinha capturado um número considerável de focas e os seus porões estavam cheios com 35 *tuns* de óleo e as peles de 3.000 focas. O *Melinka* voltou para casa logo depois, com 8000 focas e 95 *tuns* de óleo, enquanto o *Vulcan*, do Capitão Alexander, trouxe de volta 3000 peles e 40 *tuns* de óleo. A caça de focas foi um sucesso, e para a próxima temporada, os três navios navegaram novamente para o norte.

TEMPORADA DE 1854

Dois dos navios, o *Vulcan* sob o Capitão Alexander, e o *Melinka* sob o Capitão John Stephen, partiram no dia 13 de Fevereiro, navegando de encontro a mesma série de vendavais que tinham assolado os navios de Banff e que havia empurrado alguns dos navios de Peterhead para o sul, até Forth. *O Sovereign* partiu ligeiramente mais tarde, enquanto o *Lady Campbell*, o solitário navio foqueiro de Nairn, deixou Aberdeen, correu diretamente para problemas e no dia 27 de fevereiro, foi levado para Fraserburgh para reparos.

Foi um ano tempestuoso para a caça de focas, com gelo pesado que esmagou alguns dos barcos baleeiros e danificou as embarcações-mãe. O *Félix* de Banff foi perdido. Os três navios de Fraserburgh, no entanto, sobreviveram às tempestades para regressar em segurança, e com uma captura suficientemente decente para garantir um lucro para os acionistas. No dia 27 de abril, o *Melinka* tinha apanhado 3000 focas, com o *Sovereign* a ter 1000 e o *Vulcan* 2000. O *Sovereign*, sob o Capitão Barnett, foi o primeiro a chegar, no dia 23 de maio. Naquela altura ele já tinha capturado 2500 focas; teve uma viagem difícil, perdendo dois barcos e sendo danificado pelo gelo. Os outros navios de Fraserburgh se arrastaram durante os dias seguintes. A perda do *Félix* deve ter tido um efeito sóbrio nos portos de Moray Firth, mas não houve nenhuma pista de que os mercadores de Fraserburgh desistissem da nova indústria. Os navios foqueiros passaram o inverno sendo re-equipados e preparados para a próxima temporada, enquanto as tripulações trabalhavam em outro lugar ou viviam de seus salários e do dinheiro do óleo.

Em 1854, os comerciantes de óleo *T & C Lawrence* de Peterhead publicaram uma lista mostrando o número e a tonelagem de navios das frotas britânicas foqueiras e baleeiras. O maior número vinha de Peterhead, que tinha 28 navios, de um total britânico de 51. Os portos de Moray Firth forneceram 6 navios, mais de 10% do total, sendo os três navios de Fraserburgh o quarto maior igual, atrás de Hull e Dundee. Não era uma má posição para se estar, para um porto que só estava no comércio há três anos.

TEMPORADA DE 1855

Em fevereiro de 1855, a frota foqueira de Fraserburgh estava novamente pronta para enfrentar o gelo. No dia 17 de fevereiro, *Melinka* e *Vulcan* deixaram o porto com o *Sovereign* navegando alguns dias mais tarde. O plano deles era que os três navios tentassem primeiro a pesca da foca na Groenlândia, mas se o *Melinka* não pegasse sua quota, ele poderia contornar o Cabo Farewell, na ponta sul da Groenlândia, e ir até a caça à baleia no Estreito de Davis. Também havia uma opção para o *Melinka* de passar o inverno no gelo, seguindo o rastro aberto por outras embarcações escocesas. No evento, o *Melinka* não teve necessidade de permanecer no gelo e voltou para casa com uma captura mais do que decente.

Como em todos os portos baleeiros e foqueiros, Fraserburgh viveu a sua parte de pequenas tragédias. Por exemplo, um marinheiro de 26 anos, chamado Alexander William Geddes, caiu ao mar de uma embarcação que regressava e afogou-se, a apenas cerca de 30 quilômetros de casa. Embora a família chorasse, os donos ficaram mais preocupados com o lucro e o incidente quase não foi mencionado.

Com as suas embarcações a dar-lhes lucro constantemente, os mercadores de Fraserburgh aumentaram a sua especulação e em julho de 1855, compraram outra embarcação, o *Enterprise,* de seus proprietários em Peterhead. James Cardno geriu esta embarcação. Com quatro navios, a frota de Fraserburgh era agora a terceira maior em termos de caça às focas britânica. Construído em Stockport, em 1844, o *Enterprise* era uma barca de 397 toneladas, o que a tornou o maior navio a navegar a partir de Fraserburgh naquela época. Ele carregava uma tripulação de sessenta pessoas, não incluindo a inestimável adição dos homens de Shetland. Uma embarcação alta, o *Enterprise* tinha mastros que subiam oitenta metros em direção ao céu cinza do Ártico, de modo que ele seria um navio impressionante quando entrasse na Baía de Fraserburgh. Logo que o *Enterprise* fez a curta viagem ao redor do punho de Buchan, para se estabelecer em seu novo porto, Fraserburgh se estendeu novamente e comprou uma quinta embarcação.

Banff nunca pareceu recuperar a sua confiança após a perda do *Félix*, por isso não foi surpresa quando Charles McBeath, de Fraserburgh, comprou a segunda embarcação de Banff Greenland, o *Alexander Harvey*. Charles McBeath era um dono de navios nascido em Fraserburgh e curador de peixe. De acordo com o censo de 1851, ele tinha 37 anos em 1852, era casado com Eliza, e tinha três filhas e um filho. Naquela época, ele morava no número 98, School Street, apenas algumas casas ao lado do Sr. Milne, o mestre do porto, no número 102.

Ao comprar este navio, Fraserburgh tornou-se o terceiro maior centro baleeiro da Grã-Bretanha, e o *Banffshire Journal* ecoou o brilho do orgulho sentido pela cidade. O correspondente de Fraserburgh declarou "temos grande prazer (em congratular-nos) pelo sucesso e pelo espírito de energia e empreendimento que os nossos habitantes demonstraram possuir". Embora esta visão, ligeiramente bombástica, seja tipicamente vitoriana, também era verdade: Fraserburgh tinha se movido esplendidamente para aumentar a sua frota foqueira, aumentando de um navio para cinco num período de quatro anos, enquanto outros portos, há muito tempo estabelecidos, definhavam com dois ou três navios. Também não há dúvidas de que Fraserburgh tinha aumentado o peso de sua frota em 1000 toneladas só naquele ano. O futuro parecia brilhante para o Broch.

Era o início de Outubro antes do *Alexander Harvey* chegar a Fraserburgh, chegando ao porto com a maré a subir um pouco depois da meia-noite. Uma nova companhia com Charles McBeath e o Sr. George Wallace, agentes do Union Bank como co-gerentes, se uniram para serem seus donos, e deram o comando ao irmão de John Stephen, Capitão Alexander Stephen, no *Vigilant*. Tal era o interesse na empresa foqueira que as ações foram quase todas compradas mesmo antes da chegada do navio ao porto. Charles McBeath era um homem importante em Fraserburgh, pois além de estar envolvido na indústria foqueira, havia sido reeleito unanimemente como comissário do porto, juntamente com Thomas Walker. Como comerciante e dono de navios, ele também fez parte do comitê provisório da *Aberdeen, Peterhead e Fraserburgh Railway*, juntamente com Thomas Walker, então McBeath estava se movendo constantemente nos círculos mais altos. A indústria foqueira de Fraserburgh era obviamente considerada uma profissão para a elite.

A frota foqueira tinha dado um impulso à navegação de

Fraserburgh, mas o porto tinha aumentado muito a sua tonelagem total durante os catorze anos anteriores. Em 1840, havia catorze navios pertencentes a Fraserburgh, com uma tonelagem total de 1.419. No final de 1855 havia 34 navios, e uma tonelagem de 5.996. Do total, a frota da Groenlândia era composta por cinco navios e 1.219 toneladas, cerca de um sétimo do número de navios, mas um quinto do peso. Em 1855, o óleo de foca tinha sido vendido por 12.635 libras, o que era uma grande soma de dinheiro para a época, justificando assim o investimento dos donos de navios e acionistas.

As Tabelas de Marés de Aberdeen confirmam a tendência na navegação de Fraserburgh, com números de 14 navios e 1.392 toneladas em 1841, 22 navios e 2.360 toneladas em 1856 e 30 navios e 3.178 toneladas em 1851, mesmo antes do surgimento da frota foqueira. Presumivelmente, este aumento constante no transporte marítimo ajudou a criar a riqueza que estava disponível para ser investida nos navios da Groenlândia.

Para aumentar ainda mais o entusiasmo no comércio foqueiro, e para provar que o sucesso tinha outras recompensas além de si mesmo, em setembro de 1855, a *Fraserburgh Seal and Whale Fishing Company* presenteou o Capitão John Stephen do *Melinka*, com um relógio e uma corrente de ouro, como prova do seu apreço pelo seu zelo. O Capitão John Stephen merecia o seu prêmio, pois sob o seu comando, o *Melinka* tinha trazido para casa mais de 400 *tuns* de óleo de foca.

Apesar do indubitável sucesso do comércio da caça de focas, o advento destes novos grandes navios causou problemas ao porto de Fraserburgh. Em comum com muitos portos escoceses, Fraserburgh esteve em constante necessidade de melhoria e ampliação ao longo do século XIX, à medida que os navios se tornavam cada vez maiores.

TEMPORADA DE 1856

Para a temporada de 1856, os navios maiores, da agora forte frota de cinco, de Fraserburgh estavam prontos para sua viagem ao norte no início de fevereiro, algumas semanas antes do que era estritamente necessário. Isso porque os navios de grande profundidade precisavam de uma maré alta na primavera para deixar o porto, e ficavam sempre apreensivos que uma tempestade repentina pudesse atrasá-los até a próxima, e muito mais tardia, maré da primavera. O Sr. McBeath e seus colegas estavam infelizes neste início precoce, por mais necessário que fosse, porque tinham que pagar e alimentar a tripulação por um período mais longo. No entanto, havia melhorias portuárias em andamento, o que acabaria por facilitar as coisas para os navios maiores.

As dificuldades não terminaram aí, pois com os navios foqueiros que permaneceram no porto por longos períodos de tempo, outros navios estavam mais lotados, e parecia que o comércio tinha atingido a sua extensão máxima. A menos que o porto fosse ampliado, não poderia haver mais adições à frota de Fraserburgh. Assim, para todas as suas ambições para o futuro, Fraserburgh não poderia competir com Peterhead sem ampliar e aprofundar o porto atual. Os mercadores tinham de equilibrar as despesas envolvidas com as melhorias, com a possibilidade de lucros adicionais da frota da Groenlândia, e outras aventuras comerciais.

Os três maiores navios de Fraserburgh partiram com a maré mais conveniente, no início de fevereiro de 1856, com o *Vulcan*, muito menor, sob o Capitão Noble, e o *Sovereign*, comandado pelo capitão Samuel, navegando uma semana depois. Em uma passagem tempestuosa para o norte, o *Vulcan* perdeu o mastro dianteiro e o mastro de proa mesmo antes de chegar a Shetland, mas tais coisas eram os perigos habituais do mar e ele foi reparado e continuou com a caça às focas.

Mais uma vez, os últimos navios que saíram foram os primeiros a regressar, com *Vulcan* a regressar em meados de junho, carregando apenas 1.500 focas. No entanto, a maioria delas eram as focas mais velhas e maiores, que produziam mais óleo, por isso a carga foi estimada entre 20 e 25 *tuns*. Ao chegar, seu mestre relatou que o *Melinka*, o *Enterprise* e o *Alexander Harvey* tinham todos navegado para a caça à baleia, mas ele não sabia se eles tinham sido bem-sucedidos na caça de focas. Ele achava, no entanto, que *o Sovereign* tinha "8 ou 9" *tuns* de óleo de foca. Quando o Capitão Grey trouxe o *Active* de volta a Peterhead, ele relatou que o *Enterprise* tinha 1.000 focas e uma baleia, com um total de 15 *tuns* de óleo, enquanto o Capitão Stephen, do *Melinka*, tinha 2.000 focas e quatro baleias, com 40 *tuns* de óleo. Os acionistas e o povo de Fraserburgh tiveram que esperar para ver se o relatório era exato.

O Capitão John Stephen, do *Melinka*, foi o último a regressar, mas com todas as embarcações contabilizadas, foi verificado o total final da época de 1856. O Capitão Alexander Stephen, do *Alexander Harvey*, provou ser o navio de maior sucesso com 3.000 focas e quatro baleias, produzindo um total de 60 *tuns* de óleo, com o *Melinka* em segundo lugar, com 1.800 focas e 40 *tuns*. O terceiro navio foi o muito menor, *Vulcan*, com 1.200 focas, mas sem baleias, e depois um número decepcionante de 900 focas, mas uma baleia, no grande *Enterprise*. Esperava-se que a última fosse a menor embarcação, o *Sovereign*, com 700 focas e 7 *tuns* de óleo.

Como de costume, os números não correspondiam exatamente aos outros. *T & Lawrence*, os comerciantes de óleo em Peterhead, compilaram suas próprias tabelas, que deram ao *Alexander Harvey* 3.067 focas e 40 *tuns* de óleo de foca, com o *Melinka* com 1.814 e 13 *tuns*, *Vulcan* com 1.423 e 18 *tuns*, *Enterprise* com 900 e 10 *tuns* e o *Sovereign* com 690 e 7 *tuns*. Essa mesma fonte declarou que o valor total da pescaria de focas e de baleias para 1856 foi de 198.684 libras, com Peterhead tendo 77.560 libras e Fraserburgh um respeitável 7.727 libras. Ambos os portos, porém, sofreram uma queda considerável nas receitas do ano anterior.

Apesar dos totais não serem tão altos quanto se esperava, a própria escassez de capturas fez subir os preços, para que os acionistas não ficassem muito desapontados. Naquela época, o óleo de foca estava a vender até por 49 libras por *tun*, em Peterhead, e as peles de foca em Fraserburgh estavam variando entre 4 xelins e 7 pence e 4 xelins e 11 pence por pele, e os preços pareciam estar a subir. Parecia haver uma escassez de barris de óleo em Fraserburgh naquela época, pois um navio chegou de Dundee carregando uma carga delas, o que implica uma ligação entre a indústria de focas de Dundee e Fraserburgh. Uma segunda ligação veio mais tarde naquele ano, quando dois navios, *John Duncan* de Dundee e *Stephen* de Fraserburgh, transportaram cargas de óleo de foca para o sul, para Dundee. Dado que Dundee estava envolvido no comércio de baleias e focas desde 1752, a importação de óleo de um recém-chegado, como Fraserburgh, certamente indicava um fracasso em seu próprio comércio, ou uma demanda crescente na cidade. No entanto, os comerciantes de Dundee logo colocaram a sua indústria em ordem.

Houve uma quebra na tradição em agosto daquele ano, quando o Capitão Stephen levou o *Melinka* pela costa norte da Escócia, em busca de baleias. Ele apareceu em Wick numa altura em que um cardume de até trinta baleias foi visto no Pentland Firth.

Entretanto, Fraserburgh aproveitou a boa situação. Em setembro de 1856, os acionistas da *Fraserburgh Whale and Seal Fishing Company* tiveram uma alegre reunião no Salão dos Comissários e decidiram dobrar o capital da empresa para 20.000 libras. Os proprietários do *Alexander Harvey*, o mais bem sucedido da frota de 1856, ficaram ainda mais satisfeitos, pois receberam um dividendo de 20%. A indústria da pesca de focas de Fraserburgh parecia estar a ir de vento em popa.

TEMPORADA DE 1857

Mais uma vez, em 1857, as embarcações de Fraserburgh navegaram em datas diferentes, com as três embarcações maiores navegando por volta do dia 10 de fevereiro, e as duas menores, uma semana depois. Mais uma vez, as embarcações maiores foram equipadas para a pesca de focas e baleias, enquanto as menores apenas para a pesca de focas. Por volta da mesma época, o Projeto de Lei do Porto de Fraserburgh foi encaminhado para o Comitê Seleto de Ordens Permanentes. Este projeto de lei foi projetado para melhorar o porto, em parte para a conveniência da frota foqueira. Esse projeto de lei gaguejou, com uma proposta inicial sob um ato anterior de pedir emprestado 20.000 libras sendo dobrado para 40.000 libras.

Se a temporada de 1856 foi ligeiramente decepcionante, a de 1857 foi pior. O primeiro presságio do futuro desastre nem sequer foi reconhecido como tal quando o *Jackall*, uma embarcação de 8 toneladas, movido a vapor de parafuso, chegou a Peterhead, vinda do Clyde. Com um motor de 20 cavalos de potência e equipado como uma escuna de proa e de popa, ele tinha a intenção de acompanhar o baleeiro *Traveller* até ao local de pesca. Havia também um baleeiro a vapor esperando no Clyde que o Capitão Sutter, de Peterhead, regressasse da caça às focas para que ele o pudesse levar à pesca da baleia. Com todas as embarcações de Fraserburgh, assim como as Peterhead, sendo puramente à vela, qualquer sucesso de um baleeiro a vapor teria colocado em risco o seu futuro. A frota de Fraserburgh estaria imediatamente desatualizada e os acionistas da empresa teriam a opção de lutar com a tecnologia antiquada ou investir fortemente em novas embarcações. Contudo, naquela fase, o futuro não era claro, as embarcações a vapor não eram testadas e o futuro ainda parecia brilhante.

No entanto, os resultados da temporada de 1857 foram muito decepcionantes, uma vez que os relatos gaguejavam sobre os navios que regressavam. O Capitão Bruce do navio de

Peterhead, o *Resolution*, aportando em Lerwick, relatou que o *Melinka* tinha apenas 700 focas, enquanto o *Sovereign* e o *Vulcan* tinham conseguido capturar apenas 300 cada um. Pior ainda, Bruce acreditava que o infeliz *Enterprise* estava vazio: ele não tinha capturado nada. Após seus esforços financeiros para levantar mais capital, os comerciantes de Fraserburgh devem ter se perguntado se tudo isso valia a pena.

O primeiro dos navios de Fraserburgh a regressar foi o *Sovereign*, do Capitão Samuel, com 1.332 focas, o que foi uma captura justa, melhorada pelo fato de muitas serem focas velhas e maiores. No total, esperava-se que o *Sovereign* tivesse 20 *tuns* óleo. Ele relatou que o *Melinka* tinha uns impressionantes 110 *tuns* de óleo, e o *Alexander Harvey* com 40 *tuns* e o *Vulcano* com entre 30 e 40. O constantemente infeliz *Enterprise*, no entanto, estava com dificuldade, com apenas cerca de 12 a 14 *tuns*, mas, juntamente com o *Alexander Harvey*, tinha navegado para o norte para tentar a caça à baleia. O *Vulcan*, equipado apenas para a caça de focas, voltou no dia 15 de junho com mais do que respeitáveis 45 *tuns* de óleo.

Relatórios dos navios de Fraserburgh continuaram a chegar; com o Capitão Martin, do navio de Peterhead, *Intrepid*, afirmando que o *Alexander Harvey* tinha 1.800 focas, 32 *tuns* de óleo, mas nenhuma baleia. No dia 3 de agosto, o *Enterprise* regressou com apenas 14 *tuns* de óleo e nem uma única baleia, e cinco dias depois o *Alexander Harvey* chegou com 35 *tuns* de óleo e uma única baleia, o que se esperava que rendesse mais 9 ou 10 *tuns* de óleo. Embora, com exceção do *Melinka*, a pesca não tivesse sido espetacular, os navios de Fraserburgh tinham tido mais sucesso do que a maioria dos outros portos, portanto, mais uma vez, apesar de seu susto anterior, os acionistas da empresa tinham poucos motivos para resmungar.

Lawrence de Peterhead fez novamente uma lista muito útil de capturas dos vários portos, o que mostra que os navios de Fraserburgh aguentaram bem contra os outros. Enquanto Peterhead, com 31 navios, apanhou 74.337 focas, os cinco navios

Fraserburgh representaram 15.245, ou uma média de cerca de 3.082 por navio, em comparação com cerca de 2.038 de Peterhead. Na caça à baleia, no entanto, Fraserburgh não se mostrou muito bem. No valor total da captura, Fraserburgh teve, de fato, um desempenho muito bom. Enquanto o total geral britânico caiu para 125.103 libras, Fraserburgh aumentou o seu total em cerca de 5.000 libras. Apesar de alguns maus resultados, a pesca da foca continuou a mostrar promessa.

Naquele ano, o óleo de foca foi vendido por 43 libras por *tun*, com uma parcela de óleo cru, ou óleo que não foi mantido dentro de um barril, vendido a 44 libras e 10 xelins por *tun*, mas o mercado para peles tinha caído. As barbas de baleia também estavam sendo estimadas, possivelmente devido ao aumento da popularidade da crinolina, que estava a começar a dominar o mercado da moda feminina, e a barba podia chegar a 200 libras por tonelada. Até foi mencionado um valor de 510 libras por tonelada. Mais uma vez, Fraserburgh exportou seu óleo de foca para outros portos, com Newcastle e Aberdeen comprando-o naquele inverno.

TEMPORADA DE 1858

Em 1858, houve mais mudanças na indústria baleeira. Navios movidos a vapor estavam a aparecer em alguns portos, e o método de arpoação também estava sendo modernizado. Até agora, a maioria das embarcações caçavam baleias com arpões manuais, onde o navio-mãe enviava pequenas embarcações com um grupo de remadores chefiados por um arpoador, um gerente de linha e um timoneiro. Enquanto os remadores moviam o remo, o timoneiro dirigia o barco usando um remo longo, o gerente de linha se certificava de que a linha, uma vez presa à baleia por um arpão, não se dobrasse à volta da perna de ninguém e, assim, ficasse em perigo de ser arrastado para fora se a baleia desse um súbito puxão. Ao lado do mestre do navio, o arpoador era sem dúvida o homem mais importante a bordo, pois era sua responsabilidade lançar realmente o arpão para dentro da baleia.

No entanto, no final dos anos 1850, o método de caça às baleias estava praticamente obsoleto. Em vez de ter um arpoador a equilibrando-se na proa do barco, já que era remado para a frente através de mares muitas vezes agitados e gelados, haveria um lançador de arpão instalado na proa, então tudo o que o arpoador tinha de fazer era apontar e clicar. Ao puxar o gatilho, o lançador mandava um arpão para a baleia, ou pelo menos na sua direção geral. Pode ter sido menos romântico e provavelmente menos hábil, mas também era menos perigoso. Embora tivesse havido tentativas de inventar um lançador de arpão eficiente para capturar baleias, só em 1792 é que o problema foi levado a sério, quando a Sociedade das Artes ofereceu um prêmio para uma arma de sucesso. Muitos tentaram, mas ninguém realmente criou um lançador de arpão que fosse mais eficiente do que um homem com uma mão firme e nervo de ferro. A arte gentil de matar baleias permaneceu, em grande parte, não-mecanizada até meados do século XIX.

Em 1858, o *Melinka* e o *Alexander Harvey* foram equipados com lançadores de arpão, que o artesão de Fraserburgh, Robert Tindall, construiu, de modo que os navios baleeiros estavam dando apoio para a indústria local. Os lançadores tinham sido testados, com sucesso, no porto e na baía de Fraserburgh, antes de serem aprovados como adequados para o Ártico.

Naquele ano, as três maiores embarcações deviam sair por volta do dia 17 de fevereiro, sendo que as outras se seguiriam mais tarde. O *Enterprise* foi o primeiro a partir, e o *Vulcan* e o *Sovereign* por último, mas, desta vez, navegaram diretamente para os locais de caça de focas, sem apanharem marinheiros extras em Shetland. Mais uma vez eles navegaram em condições climáticas severas, o que não era inesperado no norte, e mais uma vez, as mulheres de Fraserburgh esperaram para ouvir notícias de seus homens.

Enquanto os baleeiros e foqueiros lutavam contra as

tempestades do norte, Lord Saltoun, Fraser de Philorth, voltou às suas raízes. No dia 22 de março, a escuna de Fraserburgh, o *Glengrant*, navegou até Inverness para buscar os móveis de Sua Senhoria à sua casa alternativa, no Castelo de Ness, e trazê-los para a Casa Philorth, logo fora de Fraserburgh. O contraste com as condições de vida e o estilo dos homens foqueiros dificilmente poderia ter sido maior.

Como sempre, as notícias sobre a frota foqueira foram transmitidas pelos navios que regressaram. O *Alibi*, de Aberdeen, relatou ter visto o *Alexander Harvey*, e disse que o *Enterprise* tinha capturado 1.000 focas, enquanto o *Melinka* tinha sido visto no dia 23 de abril, com outra impressionante captura de 3.000 focas. O *Vulcan* foi reportado como tendo 200, mas o *Sovereign* estava vazio. Três semanas mais tarde, o *Eliza*, de Peterhead, relatou que o *Alexander Harvey* tinha apenas 200 focas e que *o Enterprise* transportava 10 *tuns* de óleo, enquanto *o Melinka*, nunca um navio a ser batido, tinha 5.000 focas, com o *Vulcan* a transportar 35 *tuns* e o *Sovereign*, 22 *tuns*. Assim, todos os navios de Fraserburgh estavam a salvo e todos estavam a apanhar focas.

Em meados de junho, os navios estavam começando a voltar à deriva para Fraserburgh. No dia 14, o *Enterprise* e o *Sovereign* voltaram, com o *Vulcan* um dia depois. O *Melinka* chegou no dia 1º de agosto, com o *Alexander Harvey* no dia seguinte. Ambos os navios tinham sido razoavelmente bem-sucedidos na pesca da foca, mas, apesar dos lançadores de arpão patenteados pelo Sr. Tindall, nenhum deles tinha capturado uma baleia. Como de costume, o *Melinka* era o navio mais bem sucedido, com 70 tuns de óleo em comparação com os 20 do *Alexander Harvey*, mas esse triunfo foi silenciado pela perda de um dos seus homens. Joseph Noble, um marinheiro de Fraserburgh, no *Melinka*, tinha morrido de tuberculose na viagem e o navio que regressava transportava os seus restos mortais.

Apesar do seu estilo de vida ao ar livre, as doenças pulmonares eram bastante comuns entre os marinheiros, possivelmente devido às condições de vida apertadas dentro do castelo da proa, onde passavam as suas horas de folga. Como outro exemplo, aqui está uma entrada do baleeiro de Leith, o *North Pole*, em 1837: "William Cownfoot Apprentice saiu do navio à pedido do cirurgião por causa de uma inflamação dos pulmões". John Wanless, cirurgião do baleeiro *Thomas*, de Dundee, em 1834, também mencionou uma morte a bordo do *North Pole*, quando foi necessário "mandar ao fundo os últimos restos de um marinheiro que morreu de tuberculose".

Não há dúvida de que os marinheiros britânicos, que trabalhavam em algumas condições selvagens e criaram grande parte da riqueza do país, não foram apropriadamente considerados quando se tratava de acomodações confortáveis, ou mesmo razoáveis, para viver. Eles eram uma raça robusta, mas esperava-se que sobrevivessem em cabines minúsculas que teriam desonrado uma prisão.

Mesmo com os navios da Groenlândia a salvo no porto, as coisas não eram pacíficas em Fraserburgh. O outono é frequentemente uma época tempestuosa ao longo da costa de Moray Firth, e o outono de 1858 não foi exceção. A tempestade de 7 de outubro assolou a costa e levou os navios para terra em uma mostra de lonas rasgadas e mastros quebrados.

O vendaval surgiu do nada, pois a manhã tinha sido tranquila, com um vento muito leve do sul, mas, pouco depois do meio-dia, o vento do noroeste aumentou, juntamente com uma forte ondulação que trovejou ao longo da baía de Fraserburgh, e a chuva se abateu sobre pessoas, edifícios e embarcações. Às três da tarde a tempestade já tinha chegado, levando o *Isabella Forbes*, de Aberdeen, para a baía com a sua carga de póneis islandeses e atirando o *James Trail*, de Thurso, e o *Fox*, de Wick, em direção à terra. Mais significativo foi a perda da escuna prussiana *Fortuna*, de Griefswald, com o Capitão Busan no comando enquanto ela se dirigia para Holyhead, com travessas de trem. Ao entrar na baía de Fraserburgh, o vento a levou para a areia, entre Fraserburgh e Cairnbulg Head, às quatro horas da manhã de sexta-feira, 8 de outubro.

A guarda costeira de Fraserburgh, chefiada pelo Sr. Beatson, correu imediatamente para ajudar, disparou o seu morteiro para assegurar uma linha a bordo, e trouxe toda a tripulação, e até alguns dos seus pertences, para terra às sete da manhã. Felizmente, o próprio *Fortuna* ficou apenas ligeiramente danificado.

Em poucas semanas, um comerciante local, o Sr. Oliphant, comprou *o Fortuna* e trouxe-o para o porto. Ele estava em condição razoável e foi levado para o escorregão para reparação, onde apesar de não ter sido fortemente construído, foi decidido adaptá-lo como mais um navio de caça às focas. Com 180 toneladas, ele era maior que o *Vulcano* ou o *Sovereign*. Os homens que efetuaram o resgate não foram negligenciados, com a Diretoria de Comércio premiando S. Gorm, o barqueiro chefe e seus barqueiros Malcolm Fleacher, John Goodridge e John Cormack, recebendo 1 libra cada um, enquanto os pilotos William Stephen, William Noble e Andrew Noble receberam 10 xelins. O Sr. Beatson, comandante da Guarda Costeira de Fraserburgh, recebeu os agradecimentos do Comitê do Conselho Privado para o Comércio e a medalha de prata da *Royal National Lifeboat Institution* pelos seus esforços, então, pelo que parece, todos ganharam. Renomeado *Lord Saltoun*, em homenagem ao proprietário da terra de Fraser, a escuna seria comandada pelo Capitão John Noble, de 29 anos, e acrescentada à frota de caça às focas. Noble era um homem nascido em Broadsea, que tinha anteriormente comandado o *Active*, de Peterhead, operando na costa leste da Escócia. O seu certificado de mestre era o número 17532.

Após a temporada de 1858, Fraserburgh teve um desempenho menos credível do que nos anos anteriores. Enquanto os 29 navios Peterhead capturaram cerca de 71.000 focas e 31 baleias, com 947 *tuns* de óleo de foca, os cinco navios de Fraserburgh, capturaram 11.649 focas, portanto, sua média para o ano foi menor do que a de Peterhead.

Após a temporada de 1858, a *Fraserburgh Seal and Whale Fishing Company* apresentou um lucro de 343 libras, 5 xelins e 4 pence; este resultado dificilmente foi uma grande história de sucesso e não permitiu nenhum dividendo para os acionistas. No entanto, os diretores da empresa disseram que os navios baleeiros estavam em bom estado de conservação, por isso, não foi necessário gastar dinheiro para melhorá-los. A empresa, portanto, olhou para 1859 com um certo otimismo de fazer um bom lucro. Na verdade, esse ano foi iniciado com a maior frota baleeira e foqueira de Fraserburgh, com seis navios se preparando para partir para o norte. Tinha sido uma época difícil, com o clima castigante, mas as pessoas de Broch tinham aproveitado as suas oportunidades, exploraram a situação o melhor que puderam e agora esperavam colher as recompensas dos oceanos do norte.

TEMPORADA DE 1859

Em 1859, um vento de mudança estava soprando através da Escócia. De um lado, havia uma nova onda de temperança recrutando homens e mulheres numa tentativa de deter a suposta ameaça do álcool para a saúde moral e física da nação. Fraserburgh não estava imune a este movimento, e havia reuniões de temperança na cidade. A isso, se juntou uma nova onda de cristianismo evangélico, alimentada, em parte, pelo poder transatlântico dos avivalistas Moody e Sankey e, em parte, pela Grande Ruptura da Igreja da Escócia, em 1843, que viu a Igreja Livre da Escócia, a Free Kirk, desafiando a Igreja da Escócia estabelecida e patrocinada pela posição. Fraserburgh tinha sua própria Sociedade de Abstinência Total, com o presidente sendo ninguém menos que o Sr. Tindall Junior, o fabricante do lançador de arpão.

Um grande público apareceu para o sermão do Reverendo

Donald, na Free Kirk, com os Homens da Groenlândia entre a congregação que lotou a igreja e parte da sacristia. O Reverendo dirigiu o seu sermão parte a parte náutica da sua audiência, enquanto a oferenda foi convenientemente dedicada à Sociedade Benevolente dos Pescadores e Marinheiros Náufragos.

Foram ocasiões como esta que revelaram a dualidade dos Homens da Groenlândia. Por um lado, eles tinham a reputação de ser um bando de marinheiros de boca suja e beberrões, de serem imprudentes em qualquer situação e de serem tão suscetíveis a causarem distúrbios ou se conformarem. No entanto, neste caso, pelo menos eles mostraram uma devoção a um ramo estrito do cristianismo que talvez não fosse esperado. Os baleeiros eram, talvez, um grupo de pessoas mais complexo do que era comumente suposto.

Como sempre, os navios de Fraserburgh navegavam em dois grupos, com os navios maiores saindo do porto em meados do mês. *Melinka, Enterprise, Alexander Harvey* e *Vulcan* navegaram para a caça de baleias e focas, com o *Sovereign* e o novo *Lord Saltoun* navegando alguns dias depois. Tal como na temporada anterior, o *Melinka e o Alexander Harvey* carregaram os lançadores de arpão do Sr. Tindall, de Fraserburgh, esperando este ano usá-los com mais eficácia. Mais uma vez, a multidão os viu partir, e a ansiedade instalou-se quando as mulheres voltaram para suas casas.

Em abril, parecia que a indústria foqueira havia chegado ao fundo do poço, com relatos de navios danificados e perdidos. O navio a vapor de parafuso de Dundee, o *Narwhal*, voltou do gelo com a proa perfurada e fez uma pausa em Peterhead para transmitir as suas notícias. O *Empress of India*, um novo vapor de parafuso, tinha afundado no dia 20 de março e o seu mestre, o Capitão Martin Júnior, aportou em Peterhead com histórias do tempo terrível no norte. Ele mencionou a geada dura contraindo os rebites de ferro, fazendo com que o navio vazasse e a tripulação indo para os barcos, sendo resgatados por outras embarcações. Outros navios também tinham afundado: *Alert*, de

Peterhead, tinha afundado, com a tripulação salva. O *Kate*, de Peterhead, foi danificado. O *Volunteer*, de Newcastle, perdeu-se, juntamente com uma barca preta cujo nome era desconhecido, enquanto o vapor de parafuso *Emmaline*, de Hull, tinha sido forçado a voltar para casa. E o pior de tudo para Fraserburgh foi a notícia da perda do *Melinka*.

Essa notícia deve ter devastado as pessoas de Broch. O *Melinka* tinha sido, sem dúvidas, a estrela da constelação de Fraserburgh, com boas capturas consistentes. Agora o *Narwhal* relatou que ele tinha se perdido no dia 28 de março, embora toda a tripulação, felizmente, tenha sido relatada como tendo sido salva.

Foi interessante que, do total da frota britânica foqueira e baleeira de 54 navios, 13 eram a vapor de parafuso, mas dos oito navios perdidos ou forçados a retornar danificados, cinco também eram a vapor. Naquele momento especulou-se que os navios movidos a vapor de parafuso poderiam ser o futuro, enquanto outros acreditavam que não eram adequados para as condições do Ártico. Havia muitas pessoas em Peterhead, e provavelmente também em Fraserburgh, que não estavam preocupadas com o pensamento de navios a vapor afundando, pois os navios à vela constituíam toda a frota de Fraserburgh e o grosso da de Peterhead. Se os navios a vapor de parafuso se mostrassem especialmente vulneráveis às condições do Ártico, então, os navios foqueiros a vela continuariam a prosperar.

Houve mais más notícias alguns dias depois, quando o navio de Fraserburgh, o *Happy Return*, de regresso para Dundee com uma carga de barris de óleo, foi apanhado num vendaval e virado a alguns quilômetros do Castelo Slains. O mestre, David Elder, conduziu os homens para o casco quando ele tombou. Um barco de resgate da costa, comandado por Willie Phillip e tripulado por seus filhos, trouxe toda a tripulação do *Happy Return* para a segurança, mas nada pôde ser resgatado.

Com o povo de Fraserburgh deprimido com a perda de *Melinka*, os vislumbres de boas notícias começaram agora a diminuir através das nuvens. Dez dias após o relato inicial do desastre, o Capitão Penny do navio baleeiro de Hull, o *Emma*, trouxe de volta histórias contraditórias. O seu mestre dizia que o *Enterprise* tinha capturado cerca de 1.200 focas, mas o *Sovereign* estava vazio. Mais importante, ele acreditava que o *Melinka* não havia afundado, mas estava congelado em algum lugar na área de caça. O Capitão Penny baseou o seu raciocínio nas provas das focas. Ele notou que as focas nas correntes externas de gelo estavam desestabilizadas e não ficaram com as crias, o que era um sinal certo de que elas estavam sendo caçadas. O Capitão Reid, do foqueiro de Peterhead, o *Arctic*, apoiou Penny, dizendo que ele supunha que *Melinka*, bem como o presumivelmente naufragado *Alert*, estavam presos no gelo.

Enquanto tal especulação pode ter aumentado as esperanças das famílias dos Homens da Groenlândia desaparecidos, também revela a agonia da ignorância em que eles viviam quando seus homens estavam ausentes. Sem nenhum rádio ou outra forma de comunicação rápida, eles sobreviviam baseados em rumores e notícias de sorte. Não é de se admirar que tantas famílias de pescadores e marinheiros fossem adoradores ferrenhos na igreja. A fé deve ter sido um conforto constante quando não havia mais nada.

No final de abril, outro navio de Hull entrou em Fraserburgh trazendo cartas do *Lord Saltoun*. O Capitão Noble escreveu que ele tinha 55 *tuns* de óleo, o que teria agradado aos acionistas, e também declarou que tinha visto o *Melinka* a salvo e bem. O alívio inicial teria desaparecido rapidamente quando se percebeu que a carta do Capitão Noble era datada de 24 de Março, dois dias antes do relatório inicial de que o *Melinka* estava perdido.

As pessoas de Broch permaneceram ansiosas observando o horizonte, esperando notícias de qualquer pessoa, enquanto tentavam continuar com o seu dia a dia. No dia 31 de maio, o *Lord Saltoun* regressou em segurança a Fraserburgh e havia mais informações sobre a frota baleeira e foqueira. O navio a vapor de parafuso *Innuit*, de Peterhead, havia afundado no gelo, mas todos os marinheiros estavam a salvo. Alguns navios de Hull e Dundee tinham regressado sem sucesso, outros tinham capturas fracas, o *Perseverance* estava preso no gelo, o *Polar Star* tinha 11.000 focas, e o navio de Fraserburgh, o *Alexander Harvey*, estava preso no gelo desde 14 de maio, tal como o *Vulcan*, juntamente com *Tay*, de Dundee. Depois veio a boa notícia, o *Melinka* estava com problemas, sem nenhuma baleia, mas ainda a flutuar com a tripulação a bordo. Parecia que a frota estava de bom humor e tinha grandes esperanças de uma boa captura quando o gelo se fechou, de repente, e os aprisionou. Agora, tudo o que tinham que fazer era ficar sentados e esperar por uma oportunidade de se libertarem.

Deve ter havido alegria entre as famílias, misturada com preocupação sobre o inverno, pois sem o óleo de foca para vender, os salários seriam escassos e, as vezes, difíceis. Com o passar do ano, as embarcações de Fraserburgh voltaram gradualmente para casa. No dia 20 de junho, o *Vulcan*, agora comandado por outro do clã Stephen, o Capitão Peter Stephen, chegou com 100 focas, e o *Sovereign* do Capitão Samuel, chegou no mesmo dia com 75 focas. O Capitão Peter Stephen relatou que tanto o *Melinka* como o *Alexander Harvey* estavam vazios, mas o *Enterprise* tinha 35 *tuns* de óleo. O *Alexander Harvey* chegou em meados de Julho, com a triste notícia da morte de um dos seus homens. O *Enterprise* chegou no início de agosto e, por fim, no dia 23 do mês, o *Melinka* aportou com uma carga magra de quatro *tuns* de óleo, mas com todos os homens presentes e responsáveis.

A temporada de 1859, então, não tinha sido bem-sucedida, mas se as capturas foram pobres, pelo menos todas as embarcações tinham chegado em casa em segurança e apenas um homem tinha morrido. Mesmo assim, o povo de Fraserburgh deve ter olhado para a temporada de 1860 com mais apreensão do que o normal.

CAPÍTULO OITO

A INDÚSTRIA FOQUEIRA E BALEEIRA DE FRASERBURGH: A DÉCADA DE 1860

> *Deixamos o porto de Fraserburgh num dia de frio e de festa em fevereiro. Toda a pequena cidade de Bonnie estava lá para nos ver partir e, realmente, havia mais lágrimas derramadas do que lenços para secar.*

GORDON STABLES, 1859

TEMPORADA DE 1860

No início de 1860, a frota para a Groenlândia, de Fraserburgh, estava no seu auge. As pessoas de Broch podiam olhar para trás e pensar que a década anterior havia sido como um passeio de montanha-russa, mas também podiam ver que sua frota tinha aumentado gradualmente, até ser uma das mais importantes da Grã-Bretanha, embora muito longe de Peterhead. Se eles ampliaram o porto, e se as capturas melhoraram em 1859, não havia razão para que não aumentassem ainda mais sua frota.

A temporada começou bem, com *Alex Harvey* e *Lorde Saltoun* partindo do porto em meados de fevereiro, e o Capitão Sellar levando o *Vulcan* para navegar pouco depois. O *Dundee*, de Dundee, deu bons relatórios de capturas pelos navios de

Fraserburgh, e na manhã do dia 18 de maio, o *Lord Saltoun* chegou com um número respeitável de 2.000 peles de foca e 27 *tuns* de óleo. No entanto, quando ele estava a ser rebocado para além do píer central para o porto interior, a sua lança jib-boom colidiu com uma chaminé de tijolos. Com a ondulação empurrando a embarcação para a frente, a chaminé de 3,5 metros de altura desabou, causando baixas entre a multidão que tinha se reunido para vê-lo entrar. Três pessoas ficaram feridas. Um homem de dezenove anos, chamado James Sim, criado do Sr. Henderson, de Aberlour, teve seu crânio fraturado e por um tempo esteve em perigo de vida. James Grant, de doze anos de idade, filho de um relojoeiro local, tinha graves lesões na cabeça e na perna, por isso uma perna teve de ser amputada, e um pescador idoso, chamado William Stephen, sofreu lesões menores, mas ainda assim dolorosas.

O acidente poderia ter sido pior se não fosse pela ação do Capitão James Day, que tirou as pessoas do caminho quando a chaminé caiu. Ironicamente, a chaminé estava em cima de uma casa de máquinas sendo usada para melhorar o porto. Não foi um começo auspicioso para a década.

Como sempre, os navios retornaram um de cada vez, com o *Alexander Harvey* de volta no início de junho, seguido rapidamente pelo *Vulcan,* com 600 peles de foca e 11 *tuns* de óleo. Só em outubro houve um relatório sobre as outras embarcações, tendo o *Melinka* apanhado duas baleias e transportando uma carga de 30 *tuns* de óleo, enquanto o *Enterprise*, muitas vezes azarado, estava vazio, mas ainda caçava.

Apesar das capturas relativamente baixas, o espírito de Fraserburgh permaneceu elevado, com uma regata realizada na terceira semana de outubro. Lord Saltoun, com Sir John Bayley e o Coronel Fraser contribuíram para o prêmio total em dinheiro de 22 libras, para o qual os concorrentes remaram e navegaram.

Uma tenda foi erguida para Lord and Lady Saltoun, no Novo Cais Norte, e assim que eles se sentaram, quatro barcos baleeiros correram para o prêmio de 5 libras do Sir John Bayley. Com cada barco tripulado por seis remadores, os representantes de *Sovereign, Lord Saltoun, Alexander Harvey* e *Vulcan* correram para um barco que estava a um quilômetro e meio do porto, deram a volta nele e voltaram. A tripulação do *Sovereign* chegou primeiro, seguida por *Lord Saltoun, Vulcano* e finalmente por *Alexander Harvey.*

O bom humor e a boa sensação ocasionados pela regata, no entanto, não puderam durar. Dentro de um mês chegaram notícias da perda do *Enterprise* no Golfo Cumberland, no Estreito de Davis. No dia 11 de outubro, ele estava ancorado, mas uma tempestade o atingiu – o navio de Fraserburgh, o *Herald,* relatou que foi um 'furacão' que o levou para um recife. Misericordiosamente, não houve baixas e a tripulação ateou fogo aos destroços. Embora o *Herald* acreditasse que o fogo tinha começado deliberadamente, para evitar que os inuítes roubassem o naufrágio, era prática comum remover primeiro os espíritos e depois queimar o naufrágio de um navio baleeiro. O *Enterprise* estava vazio de óleo ou barbas, e o baleeiro Peterhead, *Sir Colin Campbell,* comandado pelo Capitão Robert Birnie, nascido em Ellon, logo resgatou o Capitão Burnett, e a tripulação. A companhia não perdeu muito dinheiro, pois o *Enterprise* estava segurado em 4.000 libras, mas a frota foqueira e baleeira de Fraserburgh tinha sido reduzida a cinco.

A última embarcação de Fraserburgh, o *Melinka,* só chegou a Fraserburgh no dia 28 de novembro, com a quantidade inexpressiva, para ele, de 35 *tuns* de óleo. Ele tinha deixado a tripulação de um barco para trás no Estreito de Davis, pronto para experimentar a pesca da baleia na primavera. A prática da hibernação entre os Inuit do Canadá Oriental, estava a tornar-se muito popular entre as tripulações baleeiras escocesas, e parecia aceitável também para os Inuit. Os dois povos pareciam se dar muito bem, com trocas culturais, e até mesmo algum romance, de modo que as crianças inuítes nascidas e criadas no gelo poderiam muito bem ter tido um pai escocês. A falta de racismo de ambos os lados é um excelente exemplo de como as coisas poderiam ter sido, e revela a alta tolerância de pessoas de fora entre os povos indígenas do Ártico.

Há muitos exemplos desta relação entre os Homens da Groenlândia e os Inuit. Já em 1830, George Laing, cirurgião do baleeiro de Hull, o *Zephyr*, escreveu: "Fomos visitados por dois dos nativos em canoas... eles vieram a bordo com toda a familiaridade imaginável". Algumas das embarcações escocesas trouxeram inuítes para casa com eles, onde encantaram os escoceses com as suas habilidades de caiaque. A troca de culturas foi mútua, pois em 1884, o navio *Aurora*, de Dundee, partiu de Lancaster Sound quando um Inuit lhes cantou "Bonnie Laddie, Highland Laddie", enquanto os Inuit de Pond Inlet apreciavam mingaus, música escocesa e chá. Se nada mais, os Homens da Groenlândia provaram que pessoas diferentes podiam misturar-se amigavelmente.

TEMPORADA DE 1861

Nesta temporada, Fraserburgh enviou apenas três embarcações. Enquanto o *Sovereign* e o *Vulcan* desapareceram para sempre dos locais de caça às focas, o *Melinka, Lord Saltoun* e *Alexander Harvey*, navegaram para norte no dia 25 de fevereiro, metade do número do ano anterior. O *Lord Saltoun* foi o primeiro a regressar no dia 2 de abril, e relatou outra temporada difícil com oito navios de Peterhead vazios. O *Lord Saltoun* mal tinha chegado, quando foi enviado de volta para o norte, navegando para Archangel, sob um Capitão Brodie. Essa temporada foi uma das mais significativas para as frotas baleeiras e foqueiras escocesas, assim como para o futuro a longo prazo dos navios de Fraserburgh.

A temporada foi definida pelo sucesso e fracasso de duas seções distintas da frota baleeira e da frota foqueira. Por um lado, houve o fracasso dos navios a vela de estilo antigo, por outro, o sucesso final dos navios a vapor. Houve duas embarcações perdidas, o *Alert*, de Peterhead, e o *Union*, de Aberdeen, sendo ambos veleiros, mas os baleeiros a vapor de parafuso fizeram grandes capturas. Por exemplo, o navio a vapor *Narwhal*, de Dundee, apanhou 29 baleias e trouxe de volta 200 *tuns* de óleo, e o navio a vapor *Tay*, de Dundee, apanhou 18 baleias, com 123 *tuns* de óleo. O *Chieftain of Kirkcaldy*, movido a velas, apanhou 2 baleias e trouxe para casa 30 *tuns* de óleo.

Em 1860, o vapor não era uma novidade na navegação escocesa. O sonho da energia do vapor estendia-se até ao século XVI, mas o primeiro navio comercial movido a vapor do mundo tinha sido o navio a vapor de pás *Charlotte Dundas*. Ele era uma pequena embarcação aberta, construída em madeira e com um motor de William Symington. Financiado por Lord Dundas e com o nome de sua filha Charlotte, em 1802, ele abraçou o canal Forth e Clyde, do qual ele era governador, rebocando duas barcaças. O sucesso do *Charlotte Dundas* provocou mais inovações na engenharia escocesa e, em 1812, o *Comet*, o primeiro vapor de pás comercial a remar no mar da Europa, navegou entre Broomielaw e Helensburgh. Em 1820, o *Comet* estava operando ao largo da costa oeste escocesa, mas terminou sua carreira em dezembro, na perturbação conhecida como Dorus Mhor.

Naquela época, porém, os navios a vapor eram relativamente comuns, e a sua ascensão começou a desafiar os navios à vela, que dominavam os mares há tantos milênios. O navio construído em Nova Iorque, o Savana, havia cruzado o Atlântico já em 1819, mas apesar de ter um motor, ele confiava principalmente nas suas velas. Foi o navio construído em Leith, o Sirius, que pode justificadamente afirmar ser o primeiro navio a atravessar o Atlântico apenas sob a força do vapor, derrotando o poderoso Great Western por apenas algumas horas.

Embora os navios movidos a vapor de pás não fossem considerados adequados para o comércio de baleia e foca, o desenvolvimento do vapor de parafuso deu origem à esperança de que esta nova tecnologia pudesse ser útil no norte. No final da década de 1850, Hull, Peterhead e Dundee experimentaram todos os navios a vapor de parafuso, e embora os resultados iniciais fossem mistos, existiam certas vantagens. Por exemplo, as embarcações movidas a vapor não precisavam se preocupar com o vento favorável; podiam manobrar com mais facilidade e podiam atravessar o gelo com os seus motores. A desvantagem era o custo inicial da construção, o preço do carvão e a quantidade de espaço de carga que o carvão utilizava.

No entanto, em 1858, os navios a vapor de parafuso estavam operando no Ártico. O navio a vapor de Peterhead, o *Innuit*, trabalhou no gelo com um pequeno sucesso, e afundou em 1859, mas outros navios a vapor estavam sendo construídos para o comércio. Em Dundee, os construtores navais Gourlays instalaram uma máquina a vapor em um veleiro e o *Tay* avançou lentamente. Ele tinha 43 metros de comprimento, mas sua casa de máquinas ocupava cerca de 7,5 metros desse comprimento, e seus tanques de carvão consumiam ainda mais espaço.

Curiosamente, embora Dundee fosse o expoente máximo escocês dos navios baleeiros a vapor, foi o Aberdonian William Penny quem sugeriu tal inovação. Outros, é claro, também deram suas opiniões. Por exemplo, havia uma longa e detalhada carta no *Banffshire Journal*, de 04 de Novembro de 1856. Com o esplêndido título de "Sobre a Aplicação dos Navios a Vapor para a Pesca de Baleias", o escritor John Anderson, do Royal Emporium em Edimburgo, na George Street, deu os seus conselhos detalhados às empresas baleeiras da Grã-Bretanha. Depois de aprovar o fato de que as empresas baleeiras estavam se movendo 'na direção certa', Anderson admite que os navios a vapor de pás seriam inadequados no gelo, mas também diz que nenhum dos a vapor de parafuso seria adequado. Em vez disso, ele sugere que os navios baleeiros deveriam usar o Movimento de Propulsão Real de Ruthven que permitia que "um navio de qualquer tamanho" fosse navegado por apenas alguns homens. Mencionando um exemplo quando um Capitão Claxton conseguiu libertar o Great Britain das areias da baía de Dundrum, por este método, Anderson escreveu entusiasticamente sobre um navio que tinha operado com sucesso no Rio Oder, na Prússia, durante sete meses.

O método de Ruthven era usar a força do vapor aplicada a mangueiras potentes que atuavam como jatos, forçando o navio a atravessar a água. De acordo com Anderson, este método era facilmente controlável e tinha outras utilizações no navio. Talvez seja lamentável que ninguém tenha seguido a sua sugestão de fazer "um teste desta invenção inestimável", pois a ideia de um navio a jato movido a vapor no Ártico é mais do que interessante. No entanto, algumas empresas baleeiras conseguiram fazer sucesso com embarcações mais convencionais movidas a vapor.

O notável sucesso dos navios a vapor na temporada de 1861, revelou o caminho a seguir. O progresso tinha empurrado firmemente o seu polegar manchado de fuligem para o mapa do Ártico e, embora as embarcações movidas a vela continuassem a lutar para o norte por muitos mais anos, os navios movidos a vapor de parafuso dominam as últimas décadas da indústria baleeira escocesa do Ártico. Havia muitas razões para esta alteração.

A indústria baleeira e foqueira estava operando em condições que estavam se tornando cada vez mais extremas à medida que as baleias se retiravam mais para o gelo. Com a necessidade de se aventurarem em águas mais perigosas para chegar às baleias, tornava-se evidente que os navios movidos a vela não possuíam a manobrabilidade e a potência necessárias. Os navios a vapor podiam ir em direção à popa e atravessar o gelo mais espesso, enquanto os navios movidos a vela só podiam empurrar a si próprios para a frente, ou abaixar barcos pelo gurupés no gelo à sua frente. Na temporada de 1861, os navios a vapor de parafuso frequentemente apanhavam as baleias em áreas onde as embarcações à vela estavam em plena vista, mas não conseguiam penetrar no gelo.

Peterhead tinha sido o principal porto da Groenlândia durante alguns anos, tomando o lugar de Hull, e Fraserburgh tinha lutado heroicamente para construir uma indústria de caça à foca e caça à baleia para igualar. Agora ambos seriam ultrapassados por uma cidade que tinha maiores recursos e um mercado estável para o óleo de baleia e de foca. Dundee tinha uma indústria de construção de navios a vapor estabelecida, tinha mais de um século de experiência na caça à baleia e a cidade precisava do óleo de baleia para amaciar a juta em sua indústria têxtil em expansão. Dundee dominaria a caça à baleia britânica nas últimas décadas do século, mas se as pessoas de Brooch adivinhassem isso, eles não se deitariam e se renderiam calmamente. Eles lutariam em desvantagem, mas com grande determinação.

TEMPORADA DE 1862

A esta altura, os Brochers já deviam ter percebido que os melhores tempos de caça à baleia e à foca estavam para trás. Com apenas duas embarcações restantes, continuaram a caçar as zonas de focas e baleias, mas já não pensavam em expansão. Havia uma velha piada em Fraserburgh dizendo que quando Peterhead enviou a sua grande frota baleeira, o povo de Fraserburgh retorquia com humor. Eles costumavam exibir um aviso no cais. "Metade da nossa frota baleeira navegou ontem", dizia o aviso, "e a outra metade partirá amanhã". Presumivelmente, essa história, possivelmente apócrifa, estava relacionada com os anos finais da indústria baleeira de Fraserburgh, quando apenas dois navios navegaram para norte.

A indústria de 1862 estava quieta em Fraserburgh. Os navios tiveram de sair do porto para as garras de um vento brutal de fevereiro, mas tanto o *Alexander Harvey* como o *Melinka*, saíram e ambos voltaram em segurança, no que seria um padrão para os anos seguintes. O brigue *Lord Saltoun* estava, agora, operando sob novos proprietários e partiu de Peterhead, embora ele ainda estivesse registrado em Fraserburgh. Ele voltou para Peterhead no início de junho com apenas três *tuns* de óleo. Como é habitual, o sucesso das embarcações foi notado. Em 29 de abril, foi anunciado que o *Alexander Harvey* tinha 1.600 focas, um número que foi aumentado para 2.290 até 13 de maio. Naquele ano, ele conseguiu um número decente de 33 *tuns* de óleo; com o *Melinka* trazendo para casa mais 11 *tuns*, no dia 11 de junho. Não houve dramas naquele ano, apenas os Homens da Groenlândia fazendo o seu trabalho em condições difíceis.

TEMPORADA DE 1863

1863 foi muito semelhante ao ano anterior, com os navios de Fraserburgh navegando para o norte sob o comando dos irmãos Stephen, no final de fevereiro. A notícia inicial foi desencorajadora, com o vapor de parafuso *Narwhal*, de Dundee, relatando que a pesca de focas era pobre, mas um relatório posterior dizendo o contrário, e afirmando que, enquanto o *Lord Saltoun* tinha chegado a Peterhead com 4.800 focas, ele tinha navegado em companhia do *Melinka* e do *Alexander Harvey*, que tinham sido igualmente bem sucedidos. O Capitão Murray do baleeiro de Peterhead, o *Queen*, confirmou isso ao dizer que o *Melinka* tinha 75 *tuns* de óleo e o *Alexander Harvey* 90 *tuns*, o que era um resultado esplêndido, particularmente porque os comerciantes de Dundee estavam comprando óleo de baleia por 50 libras cada *tun* naquela época. Os preços elevados podem ser explicados pela indústria da juta de Dundee, ainda em expansão, que, por sua vez, foi alimentada pelo estado instável do mundo. Com a Guerra Civil Americana em pleno andamento, os exércitos precisavam de sacos de areia, coberturas de vagões e coberturas de armas, todos feitos em Dundee, portanto, mais juta era necessária e, portanto, mais óleo para amaciar a frágil matéria-prima. Fraserburgh estava se beneficiando do sucesso de sua cidade baleeira e foqueira rival. Ambos os navios também transportaram mais de 7.000 peles de foca de alta qualidade, o que deu um grande impulso ao comércio.

TEMPORADA DE 1864

Possivelmente devido ao sucesso da temporada anterior, Fraserburgh teve um interesse renovado na indústria baleeira em 1864. As tripulações do navio assinaram contratos, receberam seu pagamento adiantado e, como de costume, prepararam-se para partir no final de fevereiro. Novamente havia um padrão, com tanto a Igreja da Escócia como a Igreja Livre pregando um sermão aos marinheiros antes de partirem. O Reverendo McLaren, da Igreja da Escócia, pregou a partir de Atos 27:14 'Mas logo um vento tempestuoso, chamado de nordeste, caiu da terra'. Talvez tivesse um tema náutico, mas tal o sermão deve ter sido pouco solene antes de uma viagem perigosa. O Reverendo Smith, da Igreja Livre, escolheu Timóteo 1:19 "mantendo fé e boa consciência. Ao rejeitarem a consciência, certas pessoas fizeram naufragar a sua fé". Em outras palavras, ele lhes deu um aviso para viverem uma boa vida cristã, em consonância com a atmosfera evangélica da época.

No período, a temporada foi tranquila. Ambos os navios navegaram no dia 22 de fevereiro e retornaram no final de junho, com os irmãos Stephen no comando e nenhum naufrágio ou drama. O *Melinka* capturou cerca de 2.100 focas, e o *Alexander Harvey*, 1.850, gerando cerca de 20 *tuns* de óleo cada um. O Melinka *também* tinha resgatado a tripulação de um barco do *Emma*, de Dundee, que afundou no dia 15 de abril. O padrão continuou e Fraserburgh certamente aceitou que eles tinham uma pequena, mas constante, frota foqueira e baleeira.

TEMPORADA DE 1865

O ano começou com uma reunião de temperança com um público pequeno e tranquilo, o que pode indicar que o ímpeto da temperança estava a desvanecer-se. Apenas alguns dias depois, os dois navios baleeiros foram retirados dos seus ancoradouros de inverno para serem equipados para o norte. O tempo limpo trouxe grandes multidões para observar enquanto os navios navegavam no dia 24 de fevereiro e voltaram juntos em meados de junho. Havia grandes esperanças de sucesso nessa época, pois os baleeiros acreditavam que havia uma boa safra de focas após um inverno rigoroso. Eles não estavam completamente errados. O *Melinka* trouxe de volta 85 *tuns* e o *Alexander Harvey* 65 *tuns* de óleo de foca, por isso, mais uma vez, eles fizeram uma viagem sólida e respeitável, mas também disseram que à medida que a temporada avançava, as focas estavam se tornando escassas.

Logo que os navios foqueiros voltaram, houve notícias do *Lord Saltoun*. A escuna tinha sido vendida aos proprietários de Peterhead alguns anos antes, mas só naquele verão os liquidatários descobriram que os acionistas tinham direito a 9 libras por ação. Esta foi uma pequena recompensa, por isso não ficaram muito satisfeitos. O investimento deles no negócio foqueiro não tinha dado frutos.

TEMPORADA DE 1866

Esta temporada começou muito parecida com os anos anteriores, com *Alexander Harvey* e *Melinka* se preparando para navegar por volta de meados de fevereiro. Mais uma vez, houve um sermão para os Homens da Groenlândia, mas embora o ambiente tanto na paróquia como na Igreja Livre fosse excelente, havia muito poucos marinheiros presentes. A coleta, mais uma vez, foi para o Fundo dos Marinheiros Naufragados, o que era muito apropriado, pois no mesmo fim de semana surgiu um vendaval e os navios foqueiros não puderam sair do porto até ao dia 19 de fevereiro.

Apesar do atraso imposto, a temporada começou razoavelmente bem, com ambas as embarcações parando em Lerwick e coletando entre 30 e 40 *tuns* de óleo até 26 de abril, e as embarcações a dirigir-se para o norte para caçar as velhas focas. Infelizmente, as focas velhas devem ter aprendido a esconder-se, pois seis semanas rondando o gelo se provaram infrutíferas e os navios chegaram à baía de Fraserburgh em meados de junho com apenas 34 tuns de óleo cada um.

Possivelmente porque a temporada tinha sido tão pobre, os Homens da Groenlândia pareciam estar à solta quando receberam o seu salário, menos que generoso, naquele ano. Além da alegria, houve uma lesão, pois dois dias antes do pagamento do salário, Ian Noble, um marinheiro do *Alexander Harvey*, caiu no porão e ficou gravemente ferido.

O ano ruim de Fraserburgh continuou em julho, quando a cólera chegou à cidade, que acredita-se ter sido trazida por um pescador que tinha estado em Stettin e na França. Em agosto, a doença estava em fúria, com três pessoas morrendo no dia 12 de agosto, mais três no dia 13 e uma no dia 14. No final daquele mês havia treze mortos, e os pescadores das Highlands, que vinham anualmente para a pesca do arenque, começaram a partir para suas casas. A cólera cedeu, para regressar em setembro, quando os pescadores foram impedidos de ir para o mar e a cidade foi sujeita a tumultos e bebedeiras, muito mais graves do que qualquer coisa criada pelos Homens da Groenlândia.

TEMPORADA DE 1867

1867 começou da mesma maneira, com a cólera quase extinguida e as empresas foqueiras determinadas a continuar trabalhando no norte. Os navios navegaram juntos, com Alexander Stephen comandando o *Alexander Harvey* e John Stephen no *Melinka*. Houve uma ligeira alteração quando uma febre não-identificada atingiu Shetland, então, depois de navegar um pouco mais cedo em fevereiro, os dois navios recrutaram marinheiros extras em Stromness, Orkney, em vez disso.

Depois de mais uma temporada sem incidentes e de uma rápida passagem de oito dias na área de caça às focas, ambos os navios chegaram à baía de Fraserburgh em meados de junho. O *Melinka* apanhou 3.000 focas, fazendo cerca de 50 *tuns* de óleo, mas o *Alexander Harvey* superou-o, com cerca de 70 *tuns*. O estado da maré os manteve na baía por alguns dias, mas a chegada deles foi mais doce por causa do atraso.

Além da caça às focas, 1867 foi um período ocupado para a indústria em Fraserburgh. Os diretores da companhia enviaram o *Alexander Harvey* para Newcastle, para ser reequipado antes da próxima temporada, com o Capitão Alexander Stephen acompanhando-o para supervisionar o trabalho. Depois de algumas semanas no porto, ele navegou no dia 17 de julho. O Capitão Stephen navegava com um toque de tristeza já que seu irmão, o Capitão Peter Stephen, tinha morrido no início do mês.

Houve mais desenvolvimentos nesse ano, quando o *Melinka* e todos os outros ativos da *Fraserburgh Seal and Whale Fishing Company* foram leiloados. A primeira tentativa, em agosto, falhou em encontrar um comprador para o *Melinka*, que foi oferecido por 1.000 libras, mas uma segunda tentativa no Saltoun Hotel, no dia 21 de outubro, foi bem-sucedida. James Cardno, um curador de peixe local e juiz de paz, foi o líder do grupo que comprou o *Melinka* por 865 libras, enquanto outros membros do público compraram o restante dos bens da empresa. Cardno não era novato no comércio, tendo agido como agente tanto do *Enterprise* como do *Sovereign*. Entretanto, havia alguns rumores perturbadores em Fraserburgh de que o *Melinka* era apenas um navio de sucesso porque tinha um capitão sortudo, e com o Capitão Stephen não estando mais no comando, ele não seria tão afortunado em suas capturas.

Depois disso, a *Fraserburgh Seal and Whale Fishing Company* deixou de existir. A caça à baleia e à foca, no entanto, continuou, pois a empresa de James Cardno decidiu reparar e equipar o *Melinka* para 1868.

TEMPORADA DE 1868

O início desta temporada não parecia diferente do que a maioria de suas antecessoras. No início de fevereiro houve costumeira agitação enquanto os navios eram preparados para o norte, e os mesmos dois navios partiram do porto. Inicialmente, era esperado que navegassem antes do dia 20 de fevereiro, mas ambos os navios partiram dois dias depois, numa bela manhã, com uma enorme multidão a percorrer os cais e a acenar adeus. Embora não pudessem saber, testemunharam a partida final da frota foqueira de Fraserburgh.

A nova companhia baleeira tinha substituído o Capitão John Stephen, do Melinka, inicialmente promovendo Robert Duthie de sua posição como imediato, mas quando os navios partiram para navegar, um Capitão Tait estava no comando. Alexander Stephen permaneceu como mestre do *Alexander Harvey*. Houve uma mudança na composição das tripulações, também. Nos anos anteriores, os navios tinham recrutado cerca de metade de seus marinheiros nas Ilhas do Norte, mas como os ilhéus preferiam navios a vapor, mais homens locais navegaram em 1868.

Esse foi um ano pobre no gelo. O Capitão Tait, do *Melinka*, chegou a Fraserburgh no dia 10 de maio com 1.100 focas, fazendo 12 *tuns* de óleo, e relatou que o *Alexander Harvey* tinha entre 12 e 20 *tuns*. O Capitão Tait tinha regressado mais cedo do norte, em parte porque o *Melinka* estava em mau estado e com vazamentos e em parte porque achava que não havia muitas chances de aumentar a sua captura. O *Alexander Harvey* chegou no início de junho com 2.600 peles de foca e 30 tuns de óleo de foca. Uma captura tão escassa não foi suficiente para emocionar os acionistas, pois embora significasse que a empresa não estava com débitos, também não havia margem de lucro. Aquele ano tinha sido um fracasso para Fraserburgh.

TEMPORADA DE 1869

Talvez não tenha sido surpreendente, dada a má temporada anterior, que em 1869 o *Melinka tenha* sido transferido para

Peterhead, onde operou sob o Capitão Salmon, ex-capitão do *Alert*, daquele porto.

Alexander Stephen havia deixado o comércio foqueiro e assumido o comando da escuna de três mastros recém-construída, o *Resolute*, destinado ao comércio de frutas com o Mediterrâneo e as Índias Ocidentais. O *Alexander Harvey* também foi aposentado do Ártico, embora tenha permanecido nas águas do Norte no comércio de madeira com Quebec.

Após 1869, não houve participação formal de Fraserburgh na caça à baleia ártica ou no comércio de focas. No entanto, Brooch permaneceu um lugar marítimo muito ativo, com a indústria do arenque indo de vento em popa. Hoje, Fraserburgh continua a ser um porto de pesca vital, o maior porto de peixe branco da Europa, e há pouquíssimas recordações da caça à baleia que outrora causou tanta excitação.

CAPÍTULO NOVE

CONSIDERAÇÕES FINAIS

Doce como o último canto de um pássaro
Suave como rajada de vento do mar

MAURICE THOMPSON

O fim da indústria baleeira de Fraserburgh marcou o fim da participação ativa no comércio por parte de qualquer um dos portos de Moray Firth. No entanto, não marcou o fim de uma ligação de Moray Firth. Sem dúvida, ainda haveria marinheiros do estuário servindo em navios de outros portos, e havia outros navios construídos ao longo da Moray Firth que caçavam no Ártico.

Em 1851, James Duncan, construtor naval de Speymouth, construiu um navio de 330 toneladas, chamado *Spitzbergen*, para uma companhia baleeira de Peterhead. Garmouth construiu o *Ranger*, com seus proprietários em Inverness e Garmouth, continuando a navegar de Aberdeen, e Lossiemouth construiu o *Chieftain*, trabalhando a partir de Dundee, que logo substituiu Peterhead como o principal porto baleeiro da Grã-Bretanha. O *Chieftain* era uma escuna de três mastros, com uma popa quadrada e uma figura de proa masculina, pesando quase 169 toneladas. Lançado em 1868, e construída[O pela companhia Lossiemouth, de Jack, ele navegou de Dundee até 1892, quando o gelo o reclamou, como fez com tantos ótimos navios.

Só com a perda do *Chieftain* é que a ligação de Moray Firth finalmente desapareceu. Tinha sido um período breve, mas interessante, numa costa marítima, e quase não é lembrado hoje. Se a indústria baleeira escocesa do Ártico é de todo lembrada, é em Peterhead ou Dundee que se pensa, e é improvável que mais do que um punhado de pessoas de fora dos portos de Banff e Fraserburgh, saibam dos dias em que estes portos enviaram seus navios para os mares gelados do norte. É uma pena, pois, sem discutir sobre a moral da caça às baleias, não há dúvida de que os homens que se aventuraram pelo norte estavam entre os mais corajosos e trabalhadores de qualquer marinheiro, e as histórias que eles contaram são dignas de serem lembradas. Talvez um dia, Moray Firth erga um monumento à sua memória, pois mesmo que Christian Watt os achasse um "grupo selvagem e rústico", eles fazem tanto parte da história do estuário quanto os pescadores ou comerciantes.

Hoje, Banff é uma pequena cidade orgulhosa do seu passado e não muito segura do seu futuro. Tem um legado de alguns esplêndidos edifícios que ficam perto do mar, e que criaram grande parte de sua história, mas onde antes navegavam navios baleeiros e foqueiros comerciais para fins lucrativos e de aventura, hoje a marina abriga embarcações de recreio e grandes navios batem no cais do farol Telford. Poucas pessoas sabem sequer que os navios foqueiros navegaram a partir do pequeno porto.

Em contraste, Fraserburgh tem continuado com a sua longa associação marítima. Após a caça à baleia, veio o arenque e a indústria pesqueira desempenha um papel importante na vida do burgo. Ambos amados pelo mar: esperemos que essa ligação continue.

Caro leitor,

Esperamos que você tenha gostado de ler *Selvagens e Rústicos*.
Reserve um momento para deixar uma crítica, mesmo que curta.
A sua opinião é importante para nós.

Atenciosamente,

Malcolm Archibald e Next Chapter Team

APÊNDICE UM
LISTA DE NAVIOS BALEEIROS DE BANFF E FRASERBURGH

BANFF

Nome do navio	Temporadas	Tonelagem Registrada	Mestre	Observações
Earl of Fife	1814-1815		Wilson	Perdido 1815
Triad	1813; 1815; 1818		Slater	
Félix	1852 – 1854	91 toneladas	Fraser	Perdido 1854
Alexander Harvey	1853-1855	292 toneladas	Hay	Vendido a Fraserburgh

FRASERBURGH

Nome do navio	Temporadas	Tonelagem Registrada	Mestre	Observações
Alexander Harvey	1856 – 1868	292	Alexander Stephen, 31 anos de idade em 1857; quando Donald Hutcheson, 54 anos, era o imediato	Número oficial 10445 Registado em Peterhead. O gerente era Charles McBeath
Melinka (barca)	1852 - 1868	297	John Stephen (36 anos de idade em 1857)	O gerente era George Wallace, seu número oficial era 19553 e ele estava registrado em Banff.
Sovereign (brigue)	1853 -1860	130	Burnett; Samuel	
Lorde Saltoun	1858 - 1861	180	John Noble	
Vulcan	1852 - 1860	177	Alexander Noble (1856-57) Peter Stephen 1858	
Enterprise	1856 - 1860	397	Burnett	

NOME	IDADE	LUGAR DE NASCIMENTO	NAVIO ANTERIOR	CAPACIDADE DO NAVIO
John Noble		Broadsea	Active, Peterhead	Mestre
George Noble	34	Fraserburgh	Louisa, Peterhead	Imediato
William Cardno	32	Cairnbulg	Innuit, Peterhead	Arpoador
James Watt	36	Fraserburgh	Sovereign, Peterhead	Chefe-arpoador
William Adam	21	Fraserburgh	Lady Saltoun, Peterhead	Arpoador
Alexandre Noble	26	Fraserburgh	Ann, Banff	Arpoador
William Duthie	27	Inverallochy	Primeiro navio	Carpinteiro
James Adam	23	Fraserburgh	Nancy Riley, Newcastle	Timoneiro
Andrew Noble	45	Fraserburgh	Perseverance, Peterhead	Marinheiro
Andrew Adamson	25	Edimburgo	Eliza, Peterhead	Ajudante de Carpinteiro; timoneiro
John Buchan	49	Fraserburgh	Louisa, Peterhead	Cozinheiro
Donald Cameron	31	Inverness shire	Active, Peterhead	Bobinador de linha
James Pirie	24	Rathen	Melinka, Banff	Bobinador de linha
Donald McKenzie	35	Cromarty	Ativo, Peterhead	Bobinador de linha
Stephen Buchan	21	Fraserburgh	Lady Saltoun, Peterhead	Timoneiro
Robert Thomson	24	Rathen	Alexander Harvey, Peterhead	Gerente de linha
Alex McLeman	21	Fraserburgh	Alexander Harvey, Peterhead	Gerente de linha
Robert Fraser	44	Tain	Enterprise, Peterhead	Marinheiro comum
Alexander Pirie	23	Rathen	Kate, Peterhead	Gerente de linha
William Kidd	37	Forfarshire	Enterprise, Peterhead	Tanoeiro

NOME	IDADE	LUGAR DE NASCIMENTO	NAVIO ANTERIOR	CAPACIDADE DO NAVIO
Archibald Campbell	28	Fraserburgh	Sovereign, Peterhead	Timoneiro
John Noble	18	Fraserburgh	Providence, Carmarthen?	Marinheiro comum
James Miles	22	Santo Andrews	Roman, Peterhead	Gerente de Linha
Robert Stephen	16	Fraserburgh	Isabella, Peterhead	Comissário de bordo
Andrew McLeman.	23	Fraserburgh	Perseverance, Peterhead	marinheiro comum
George Noble	15	Broadsea	Andrews, Peterhead	marinheiro comum
Alexander McLeman	17	Broadsea	Primeiro navio	marinheiro comum
Forbes Massie	34	Fraserburgh	Agostina, Peterhead	marinheiro comum
Robert Duthie	35	Cairnbulg	Vulcan, Peterhead	Primeiro Arpoador
Robert Duthie	29	Fraserburgh	Stephens, Inverness	Arpoador
William Tait	28	Cairnbulg	Pomona, Peterhead	Timoneiro e marinheiro
John Buchan	27	Pentes de St.	Vulcan, Peterhead	Timoneiro
William May	30	Cairnbulg	Vulcan, Peterhead	Gerente de linha
John Summers	19	Cairnbulg	Primeiro navio	marinheiro comum
Wilson Cardno	18	Cairnbulg	Primeiro navio	marinheiro comum
James Sim	38	Pitsligo	Vulcan, Peterhead	Gerente de linha
George Mitchell	19	Pitsligo	Comet, Garmouth	Marinheiro comum
William Sim	18	Pitsligo	Vulcan, Peterhead	Marinheiro comum
Hugh Munro	19	Inverness	Strive, Sunderland	Gerente de linha
William Oliphant	29	Rathen	Resolução, Peterhead	marinheiro comum
John Sim	22	Pitulie	Bayfield, Peterhead	marinheiro comum
Angus Taylor	29	Tain	Sovereign, Peterhead	ajudante do cozinheiro
Alexandre Nobre	24	Broadsea	James & Jessie, Peterhead	Timoneiro
Andrew Dunn	23	Glasgow	Louisa, Peterhead	Timoneiro
John Birnie	34	Pitsligo	Vulcano, Peterhead	Gerente de linha
APRENDIZES				
Alexander Buchan		Fraserburgh		
William Melville	14	Fraserburgh		

William Duthie, o carpinteiro, não velejou; foi exonerado em 21 de fevereiro de 1859, devido a problemas de saúde.

Os navios são mencionados com seu porto de registro, ao invés do porto de onde navegaram.

BIBLIOGRAFIA ESCOLHIDA

Aberdeen Journal

Archibald, Malcolm, *Whalehunters* (2004) Edinburgh

Archibald, Malcolm, Across *the Pond: Chapters from the Atlantic*, (2001)

Latheronwheel

Banffshire Journal

Banffshire Journal; 'The North of Scotland Whale and Seal Fisheries'; 08 March 1853

Barque North Pole (from Leith to Davis Strait) by David Lyle, Master, 21 March 1837

Barron, William, *Old Whaling Days*, (1895) Hull

Campbell, Matthew, *of a Voyage to the Davis Straits aboard the Nova Zembla of Dundee 1884*

Clark, Captain G. W., *The Last of the Whaling Captains* (1986) Glasgow

Cranna, John, *Fraserburgh Past and Present* (1914) Aberdeen

Davidson, Captain Thomas, *A Journal of a Voyage from Dundee Towards the Davis Straits on board the Dorothy in 1834*

Dundee Archives Customs and Archives 70.11

Dundee Courier

Dundee University Archives MS 254/3/2/7; 254/3/2/8; 254/3/2/10

Dyson, John, *The Hot Arctic*, (1979) London

Flannery, Tim, (editor) *the life and adventures of John Nicol, Mariner*, (1822, 2000) Edinburgh

Fraser, David, *The Christian Watt Papers* (1983) Edinburgh

Fraserburgh Herald

Glasgow Herald

Hector Adams, account of his voyage in Victor, 1877

Hustwick, Ian, *Moray Firth: Ships and Trade*, (1994) Aberdeen 1994

Lubbock, Basil, *The Arctic Whalers* (1955) London

Journal of a voyage to Davis Straits aboard SS Narwhal 1874 by Thomas T Macklin, 29th August 1874

Kemp, Peter, (Editor), *The Oxford Companion to Ships and the Sea*, (1976) Oxford

1851 *Census of Banff*, Moray Heritage Centre, MF/B2/2-1

MacLeod, Innes (Editor) *To the Greenland Fishing*, (1979) Sandwick

Markham, Captain A. H. A *Whaling Cruise to Baffin's Bay and the Gulf of Boothia and an Account of the Rescue of the Crew of the Polaris* (1874) London

Moray Heritage Centre: Census of Banff 1851 M/F/B2/2-1

NAS; Privy Council Records: PC5/4, folios 40b & 41a; Edinburgh 1 February 1625: from the Council to His Majesty…to fish in Greenland.

New Statistical Account of Scotland: Banff, Edinburgh and London

Northern Ensign

Peterhead Sentinel

Rycroft, Nancy, *Captain James Fairweather: Whaler and Shipmaster, his life and Career 1853-1933*, (2005) Ripponden

Smith, Robert, Buchan, *Land of Plenty* (1996) Edinburgh

Stables, Gordon, 'The Story of the Arctic Ocean' in The *Weekly Scotsman* 03 October 1896

Starke, June, [transcriber] *Baffin Fair: Experiences of George Laing, a Scottish Surgeon in the Arctic Whaling Fleet 1830 and 1831*, (2003) Hull

Wanless, John, *Journal of a voyage to Baffin Bay aboard the ship Thomas commanded by Alex Cooke 1834*

A ANOTAÇÃO

Capítulo 2

1. N.d.T.: *Tun* é uma medida de volume usada na época vitoriana, na Grã-Bretanha, que equivale a 1.016 quilos no sistema imperial.
2. N.d.T: navio a vapor de parafuso é um termo antigo para um navio a vapor ou barco a vapor movido por um motor a vapor, usando uma ou mais hélices para impulsioná-lo através da água.

Capítulo 3

1. N.d.T: O Dia de Mayday era geralmente celebrado no primeiro dia de maio, ou na primeira segunda-feira de maio. É um festival antigo que marca o primeiro dia do verão.

Selvagens E Rústicos
ISBN: 978-4-82410-805-0

Publicado por
Next Chapter
1-60-20 Minami-Otsuka
170-0005 Toshima-Ku, Tokyo
+818035793528

6 outubro 2021